SUCCESVOL OMGAAN MET MOEILIJKE MENSEN IN UW WERKOMGEVING

SUCCESVOL

OMGAAN MET MOEILIJKE MENSEN

IN UW WERKOMGEVING

Karen Mannering

Deltas

Originele titel: *Managing difficult people*
Original edition published in English by How To Books.

Deze uitgave door: Deltas, België-Nederland.
Nederlandse vertaling: Piet Hein Geurink
D-MMI-0001-89
Gedrukt in de EU
NUGI 727/685

INHOUD

VOORWOORD

Personeelsmanagement wordt tegenwoordig als een van de belangrijkste vaardigheden beschouwd die iemands toekomst in een organisatie bepalen. Goed kunnen communiceren, anderen in staat stellen hun werk te doen en het bereiken van de nagestreefde doelstellingen zijn voor iedere organisatie van cruciaal belang. Wie zich nu in deze richting begint te ontwikkelen, legt de basis voor een briljante carrière in de toekomst.

Op en buiten het werk krijgen we vaak te maken met moeilijke mensen en netelige situaties die ons van alle kanten onder vuur lijken te nemen. Hoe kunnen we ons verweren? Mensen veranderen niet zo makkelijk en daarom is het handig als we over een gereedschapskistje beschikken met nuttige technieken die het mogelijk maken het werk gedaan te krijgen.

De situatie wordt al beheersbaarder als u moeilijk gedrag begrijpt en inziet waarom sommige mensen zich zo gedragen. Inzicht gecombineerd met een tactvolle manier van omgaan zorgt ervoor dat u het beste uit iedereen kunt halen, ook uit moeilijke mensen.

In dit boek leert u niet alleen hoe u 'betweters' kunt benaderen en 'agressievelingen' kunt kalmeren, u leert ook hoe u moeilijke relaties in een positieve richting kunt ombuigen, bijvoorbeeld een moeilijke relatie met uw chef of collega's.

1

CONTACT MET MOEILIJKE MENSEN

Waarom zijn sommige mensen zo moeilijk om mee om te gaan? In uw gewone leven kunt u ervoor kiezen om wel of niet met lastposten om te gaan, maar die luxepositie bestaat op uw werk niet. U zult met de aanwezigen moeten samenwerken en zo mogelijk op een doelmatige manier. Dat gaat het makkelijkste als u meer over moeilijke mensen en hun gedrag nadenkt en daarbij niet uit het oog verliest dat ook uw gedrag natuurlijk een factor is die meespeelt.

INZICHT IN MOEILIJKE MENSEN

Wat is een moeilijk iemand? Dat is een ingewikkelde vraag die met onder meer de volgende factoren samenhangt:

- culturele verschillen
- geografische verschillen
- karakterverschillen
- situatieverschillen

Inzicht in culturele verschillen

De wereld wordt steeds kleiner en daarom wordt inzicht in culturele barrières steeds belangrijker. Zo kan de Marokkaanse vrouw met wie u samenwerkt afstandelijk overkomen of moeilijk tot soepel samenwerken te bewegen zijn. Ze doet misschien niet mee met de sociale afdelingsgesprekjes en ziet uw grapjes niet zit-

ten. Ze loopt derhalve het gevaar dat ze het etiketje 'moeilijk om mee om te gaan' opgeplakt krijgt.
Of denk aan een Fransman die zakelijk en misschien grof overkomt. In zijn ogen is dat echter heel normaal en bent u degene die zich raar gedraagt. Als u ieders culturele achtergrond accepteert, merkt u dat er op dit gebied eigenlijk bijna geen sprake is van moeilijke mensen. U zou zelfs tot de ontdekking kunnen komen dat culturele verschillen uw team evenwichtiger en completer kunnen maken.

Inzicht in geografische verschillen

Men zegt wel dat bijvoorbeeld Friezen, Zeeuwen, Groningers en Achterhoekers nuchterder zijn dan bijvoorbeeld Utrechters. Is dat echt zo? Natuurlijk zal iedere landstreek ook iets van een eigen identiteit hebben, de een meer landelijk, de ander meer steeds van aard. Maar de draak steken met iemands accent kan kwetsend en zelfs vernederend zijn. Het is onrechtvaardig om iemand vanwege zijn geografische afkomst in een bepaalde hoek te drukken en u moet dus goed nadenken voordat u iemand het labeltje 'lastpost' opplakt. Gaat het in wezen eigenlijk niet om een andere manier van uitdrukken of om een voor u minder bekende woordkeuze?

Open oog voor karakterverschillen

Sommige mensen zijn druk en uitbundig, andere gevoeliger en rustiger. Die verschillen kunnen een team ten goede komen, want wat hebt u aan een team van louter klonen? Maar dit soort karakterverschillen kan tot conflicten leiden, omdat men elkaar kan gaan zien als 'moeilijk om mee om te gaan'.

Buit karakterverschillen uit en laat iedereen in uw team een rol spelen die zijn karaktertrekken het meest recht doet.

BEGRIP VOOR SITUATIEVERSCHILLEN

Mensen kunnen moeilijk lijken ten gevolge van de situatie waarin zij gemanoeuvreerd zijn. Misschien werken ze in een team waarmee ze geen voeling hebben of op een plek in het kantoor die hen tegenstaat. Probeer altijd te begrijpen welke bezwaren mensen eventueel tegen hun situatie hebben.

Moeilijke mensen zijn mensen die zich *aanhoudend* moeilijk gedragen. Het zijn mensen die het niet interesseert welk effect hun gedrag op anderen heeft en die er zelfs hun voordeel mee proberen te doen.

ACHTER GEDRAG KIJKEN

Waarom doen mensen zo? Waarschijnlijk omdat het effect sorteert en omdat het tot nu toe min of meer:

- hun machtsgevoel stimuleerde (ze kunnen u afbekken of tegenspreken);
- hun idee versterkt dat moeilijk doen een acceptabele manier van communiceren is (heeft iemand hun ooit op het tegendeel gewezen?);
- tot de resultaten geleid heeft die zij zochten.

Hebben ze gelijk? Wat henzelf betreft wel, want moeilijk zijn heeft hun gebracht wat ze wilden.

WAAROM IS MOEILIJK GEDRAG DOELMATIG?

Moeilijk zijn is doelmatig omdat het werkt, maar, en dat is het addertje onder het gras, alleen voor de korte termijn. Voor langdurige relaties is een grotere gedragsvariatie noodzakelijk dan een eendimensionale manier van doen. Lastposten hopen dat u ten gevolge van hun moeilijke gedrag aan hun wensen prioriteit zult geven (vanwege de consequenties) of hen gewoon met rust laat. Voor hen twee nuttige strategieën.

In onze kinderjaren gedragen we ons allemaal in wisselende mate moeilijk. Door de reacties op ons gedrag - positief, negatief, neutraal - vormen zich geleidelijk aan vaste gedragspatronen. Daarom is het van belang om na te denken over de vraag of u als kind uw gang mocht gaan, voortdurend moest vechten en ruziën of werd aangemoedigd om in alle redelijkheid van gedachten te wisselen. Volgens psychologen heeft ook onze plaats in het gezin (oudste, middelste, jongste kind) invloed op ons gedrag later in het leven. Hoe het in ieders gezin ook geweest mag zijn, over het algemeen is men het erover eens dat we ons gedrag baseren op de reacties die het eerder heeft opgeroepen en dat gedrag waaraan niemand paal en perk stelt en het gewenste succes heeft, zichzelf versterkt (zie figuur 1). Elke keer dat u een moeilijk iemand zijn zin geeft, versterkt u in feite zijn of haar idee dat zijn of haar moeilijke gedrag acceptabel is.

THUIS EN OP HET WERK ZIJN TWEE VERSCHILLENDE DINGEN

Moeilijke mensen komt u niet alleen op uw werk tegen. Toch zult u moeilijke mensen op het werk anders moeten aanpakken dan moeilijke mensen buiten het werk. Iedereen kent wel mensen die op het werk bijzonder veeleisend en vervelend zijn, maar zich thuis alles laten welgevallen. Hoe kan dat?

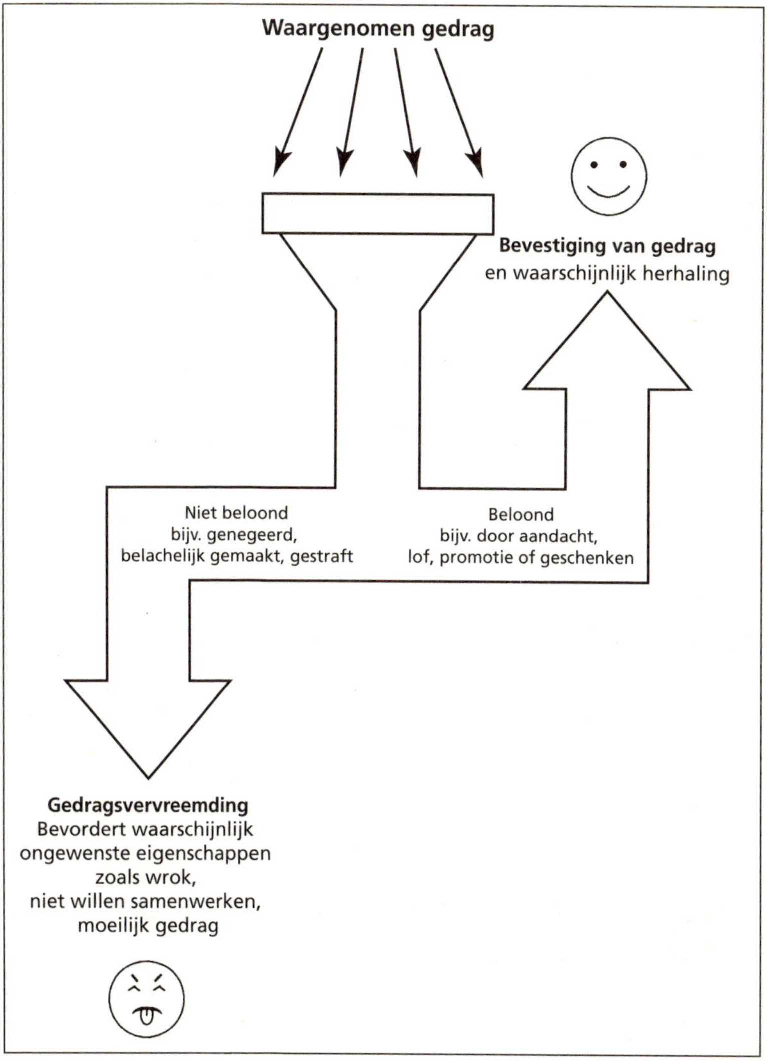

Figuur 1. Beloond en niet-beloond gedrag

Het verschil tussen werk en familie heeft onder meer te maken met het feit dat familierelaties veelzijdiger zijn en met een andere instelling gepaard gaan. Arbeidsrelaties zijn minder emotiegeladen en afstandelijker, terwijl familierelaties verpakt zijn in een complex web van emoties met een lange geschiedenis. De kans is groot dat u thuis aanzienlijk gevoeliger bent. Voordat u iets vraagt of ergens op reageert, zult u in gedachten snel berekenen wat u te verliezen hebt. Als thuis de sfeer verpest wordt, dan heeft dat grotere gevolgen dan op het werk. Die collega hoeft u verder nooit meer te ontmoeten, met uw familieleden zult u het tot aan het eind moeten doen en mogelijk bent u voor allerlei zaken van hen afhankelijk, bijvoorbeeld wat koken, wassen, tuinieren, vriendschappen en dergelijke betreft.
Dat wil niet zeggen dat u een lastpost in uw huiselijke omgeving niet moet aanpakken, maar wel dat u goed moet nadenken over hoe u het gaat aanpakken en de voor- en nadelen goed tegen elkaar dient af te wegen, ook met het oog op de lange termijn.

PLANNEN MAKEN EN VOORBEREIDING

Als het uw bedoeling is om doelmatiger met moeilijke mensen om te gaan, dan zult u plannetjes moeten maken en u moeten voorbereiden. Aanvankelijk vindt u het wellicht raar om op de voorgestelde nieuwe manier te werk te gaan, maar als u het uitprobeert en volhoudt, zult u al snel moeilijke mensen gaan vergelijken met de voorbeelden in hoofdstuk 3 - en dienovereenkomstig te werk gaan.
De eerste stap is het nauwgezet doorlezen van dit boek, waarbij u moet proberen door de woorden en formuleringen heen te kijken naar de dagelijkse werkelijkheid. Doe de opdrachten aan het

eind van ieder hoofdstuk. Al denkend en doend verwerft u de technieken die u nodig hebt.
Daarnaast kunt u bijvoorbeeld nog:

- een relevante cursus volgen;
- een mentor of coach zoeken;
- relevante andere boeken lezen;
- u aansluiten bij een leergroep.

Vooruit plannen en een goede voorbereiding zijn essentieel, zoals in het volgende hoofdstuk verduidelijkt zal worden.

WINNEN EN VERLIEZEN

Hoe moeilijk of vervelend iemand ook is, u doet er het beste aan om te streven naar een win-winsituatie. Dat wil zeggen, dat u zo te werk zou moeten gaan dat beide partijen gerespecteerd worden.
Als u een houding aanneemt van 'ik win en jij verliest', dan wilt u in feite dat de ander zijn gezicht verliest of zich gekwetst voelt. Als u uitgaat van 'ik verlies, jij wint', dan bent u degene die onder de voet wordt gelopen. 'Ik verlies, jij verliest' heeft voor geen van beide partijen enig nut. Beide partijen voelen zich gekwetst en vernederd en elke vorm van communicatie is in het vervolg problematisch.
Het verwezenlijken van een 'win-winsituatie' vergt grote behendigheid, maar het resultaat is er ook naar: beide partijen behouden hun zelfvertrouwen en in de toekomst blijft communiceren mogelijk. Het aanleren van deze vaardigheid is een belangrijke stap op weg naar het 'bedaren' van moeilijke mensen.

DE SITUATIE AANPAKKEN

Als het mogelijk is, zou u moeilijke mensen altijd onder vier ogen moeten proberen te corrigeren, hoe verleidelijk het ook is om ze *en public* voor aap te zetten of uw heldendaad door 'getuigen' te laten bejubelen. Vraag de betrokkene of u hem even onder vier ogen kunt spreken. U kunt dan beiden vrijuit spreken, ontdaan van de druk van anderen die tussenbeide komen of toekijken. Bovendien kunt u dan beiden zonder verlies van respect of eigenwaarde naar een win-winsituatie streven. Bedwing alstublieft de sterke verleiding om een moeilijk iemand af te bekken of in aanwezigheid van collega's op grond van uw hogere positie op zijn plaats te zetten.
Omgaan met moeilijke mensen mag nooit identiek zijn aan moeilijke mensen kapotmaken.

TIMING

De timing is belangrijk. Indien mogelijk zou u een moeilijk iemand op zijn gedrag moeten wijzen op het moment zelf of kort daarna. Eerder zagen we al dat snel ingrijpen vereist is, omdat u anders de ander in zijn gedrag bevestigt in plaats van corrigeert. Als u iemand aanspreekt op een opmerking van weken of maanden geleden, dan heeft dat geen effect. De context waarin het gebeurde, is verdwenen. Snel handelen is veruit het beste.

CONSEQUENT BLIJVEN

U zult de betrokken persoon er voortdurend op moeten blijven wijzen dat zijn moeilijke gedrag niet meer getolereerd kan worden. De ene keer optreden tegen zijn gedrag en hem de volgende keer gewoon zijn gang laten gaan, is inconsequent. De betrokkene raakt op die manier de weg kwijt en uw zelfvertrouwen zal een knauw krijgen.

GROEIEND ZELFVERTROUWEN

Aanvankelijk zult u er erg tegen opzien om moeilijke mensen rechtstreeks aan te spreken op hun gedrag, maar al doende zult u merken dat uw zelfvertrouwen groeit. Als u in de gaten krijgt dat u moeilijke mensen met een aantal praktische maatregelen kunt corrigeren, dan zult u ook merken dat u hen met andere ogen begint te bekijken.
Met welke instelling bent u aan dit boek begonnen? Waarschijnlijk

- voelde u zich geïntimideerd door één of meerdere moeilijke mensen op uw werk;
- was u ervan overtuigd dat er toch manieren moeten zijn om hen in toom te houden;
- wist u echter niet goed welke technieken daarvoor zoal bestaan.

Ook al bent u nu pas aan het eind van het inleidende hoofdstuk, u hebt de eerste stappen gezet op de weg die naar de door u gezochte antwoorden leidt.
Moeilijke mensen komen overal voor en het is een uiterst waardevolle vaardigheid als u positief met hen kunt omgaan. Daar tegenwoordig de toekomst in vrijwel alle organisaties sterk afhangt van de sociale vaardigheden van het kaderpersoneel (om in tijden van een gespannen arbeidsmarkt mensen voor het eigen

bedrijf te behouden, om met tevreden mensen zo goed mogelijk te produceren) is het een vaardigheid die het leren en verfijnen meer dan waard is.

PRAKTIJKGEVALLEN

TIM IS IN DE WOLKEN

Tim, een vrijgezel van 20 jaar, woont nog thuis. Hij heeft na de middelbare school nog een twee jaar durende opleiding gevolgd, maar kan op zijn vakgebied geen goede baan vinden. Hij staat op het punt om op de afdeling klantenservice van een grote bouwmaatschappij aan de slag te gaan. Tim is een aardig iemand, maar de personeelsmanager bij wie hij solliciteerde, schatte hem ook in als iemand die doelmatig werkt. Het is een veeleisende functie, en men hoopt maar dat Tim goed past bij de rest van het team, ook al heeft hij geen praktische werkervaring. Tim begint vol hoop en met grote verwachtingen aan de eerste dag. Hij wil in deze baan slagen, want dat maakt op toekomstige werkgevers een goede indruk en biedt mogelijkheden om bij de bank een hypotheek af te sluiten.

KRISTIENS FUNCTIE WORDT GEREORGANISEERD

Kristien is 27 jaar en werkt als plaatsvervangend afdelingshoofd bij een middelgroot softwarebedrijf. Ze werkt er al vijf jaar, maar onlangs heeft ze een nieuwe functie gekregen, wat betekent dat ze voor de eerste keer een projectteam moet leiden. Het team moet in het kader van een joint venture met een ander softwarebedrijf nieuwe software ontwikkelen. De teammanager is voor langere tijd met ziekteverlof. Het team staat bekend als een moeilijk team, omdat er nogal wat 'vluchtige' typen en 'hoogvliegers' aan deelnemen. De bedrijfsleiding achtte het daarom niet bepaald handig om een van de teamleden de leiding in handen te geven en zadelde buitenstaander Kristien met het probleem op. Kristien is nerveus. Ze weet dat er vele deuren opengaan als het haar lukt, maar ze weet ook dat collega's juist dit team als een 'slangenkuil' omschrijven.

Jeanette pakt de draad weer op

Jeanette is 40 jaar en nu haar drie kinderen allen op de middelbare school zitten, wil ze weer aan het werk. Ze heeft een baantje gevonden op de administratie van een instituut dat initiatieven voor het onderwijs ontwikkelt. Haar collega's werken al lange tijd als team samen, maar dat lijkt Jeanette geen probleem, daar ze zichzelf ziet als iemand die makkelijk in de omgang is. Ze beseft wel dat ze eerst een hoop zal moeten leren, niet alleen over het reilen en zeilen op de afdeling, maar ook en vooral op computergebied, maar ze rekent erop dat de anderen haar alle steun en hulp zullen geven. De personeelsmanager had haar toekomstige collega's omschreven als een 'stel dames van uw leeftijd' - dus wat zou er mis kunnen gaan?

ACTIEPUNTEN

1. Noem drie mensen die in uw ogen de afgelopen maand moeilijk zijn geweest. Kunt u een gemeenschappelijke noemer vinden in hun 'moeilijke gedrag' of zijn er helemaal geen overeenkomsten?

2. Op welke manier hebt u op alle drie gereageerd? Bent u consequent geweest in uw reacties? Zo niet, waarom niet?

3. Hoe zou u in deze drie gevallen tot een win-winsituatie hebben kunnen komen?

2

EEN GOEDE VOORBEREIDING

Er zijn vaardigheden die u van nut zijn als u te maken krijgt met moeilijke mensen en die het overdenken waard zijn. U denkt nu misschien: 'Ho, wacht even - het gaat toch niet om mij, maar om die moeilijke mensen, dus waarom zou ik op *mijn* gedrag moeten letten?' Het verrassende antwoord is dat het gedrag van anderen vaak een reactie is op ondoordacht gedrag van uw kant. Wie weet hoe hij kan reageren, kan de situatie onder controle krijgen. Een adequaat voorbereide reactie kan de spanning van de situatie afhalen en verhinderen dat zij van kwaad tot erger vervalt.

NADENKEN OVER DE ZIN VAN HET VOORBEREIDEN

Waarom zou u zich moeten voorbereiden? U kunt immers niet weten wanneer een moeilijk iemand de 'aanval' opent.
Onthoud dat **voorbereiding cruciaal is**.
In eerste instantie zou u altijd een reeks communicatievaardigheden bij de hand moeten hebben. Denk er ook aan dat u regelmatig dezelfde moeilijke mensen zult tegenkomen. Indien u geen strategie ontwikkelt voor het volgende contact, dan kunt u alleen ter plaatse reageren. Hoe vaak hebt u niet na een of andere situatie boos gemopperd: 'Had ik dat en dat maar gezegd.' En na de volgende situatie moppert u weer precies hetzelfde. Door er eens een keer ernstig over na te denken kunt u de volgende keer dat u weer in zo'n problematische situatie komt, op doelmatiger wijze reageren.

Voorbereiding kost tijd. U dient zich dan ook af te vragen of u die tijd erin wilt investeren. Tijd om na te denken, tijd om te analyseren, tijd om dit boek door te nemen. Bent u bereid om die tijd te investeren, dan zal het zich echter tienvoudig terugbetalen aangezien uw verhoudingen met moeilijke mensen met sprongen zullen verbeteren en anderen dat zullen opmerken.

ZELFVERTROUWEN OPVOEREN

Een van de belangrijkste dingen in de omgang met moeilijke mensen is hen in de ogen durven kijken en goed communiceren. Indien het u aan zelfvertrouwen of eigenwaarde mankeert, dan kan dat moeilijk zijn en zult u eerst aan uw eigenwaarde moeten werken voordat u met succes de later te bespreken sociale technieken kunt toepassen. Veel mensen weten dat het niet gemakkelijk is om assertief met mensen om te gaan, vooral niet als de ander eropuit is u te bekritiseren of af te troeven. Die ander kan er zelfs naar streven om u in het bijzijn van anderen voor aap te zetten, waardoor het nog meer zelfvertrouwen vergt om iets te zeggen in een groep of in aanwezigheid van een stel vrienden.
Zelfvertrouwen ontwikkelen is een lange, maar lonende reis en is iets wat niet van de ene op de andere dag kan. Wel kan men soms grote sprongen voorwaarts maken, bijvoorbeeld door er met behulp van een boek over na te denken, of door een cursus assertiviteitstechnieken te volgen.

GEBRUIK VAN ASSERTIVITEITSTECHNIEKJES

Assertiviteit is niet hetzelfde als agressiviteit, opdringerigheid of koppigheid. Assertiviteit betekent dat u beseft dat mensen verlan-

gens, behoeften en rechten hebben. Belangrijke rechten zijn het recht op respect, op expressie en op gehoord worden. U bent alleen assertief als u rustig blijft en uw emoties beheerst (hoe snel alles in uw hoofd ook mag rondtollen!).
Er zijn vele boeken over assertiviteit waarin technieken behandeld worden die u met groot succes in uw dagelijkse sociale contacten kunt verwerken. Eén effectieve techniek is bijzonder nuttig: duidelijk en rustig herhalen wat u wilt of bezighoudt totdat de ander dat erkent. Voorbeelden van een dialoog waarin deze techniek van de verbale herhaling wordt toegepast:

'Ik zou graag wat pennen uit het kastje hebben.'
'Wat! Denken jullie soms dat ik de hele dag tijd voor jullie heb!'
'Ik wil alleen wat pennen uit het kastje, alstublieft.'
'Ik zit hier om te werken en niet om voortdurend gestoord te worden.'
'Ik weet hoe u zich voelt, maar ik wil alleen wat pennen uit het kastje.'

Hoogstwaarschijnlijk zal de kastjesbewaarder nu wel opstaan en de door u gewenste pennen pakken.
U hebt zojuist laten merken dat u de ander gehoord hebt en uw empathie laten blijken ('Ik weet hoe u zich voelt...'), maar u hebt ook, door het herhalen van uw boodschap, laten zien dat u niet in het aas bijt en geen discussie wilt aangaan. De ander heeft er niets bij te winnen als hij volhardt in zijn verzet en daarom zal hij het nu waarschijnlijk wel opgeven.
Verbale herhaling is maar een van de techniekjes die gebruikt worden bij assertiviteitstrainingen. Het is een manier waarop u uw boodschap kunt overbrengen en tegelijkertijd uw gevoelens kunt beschermen.

LUISTERVAARDIGHEDEN

Doelgericht luisteren is een zeer belangrijke vaardigheid die u hard nodig hebt in uw omgang met moeilijke mensen. Degene die moeilijk doet, probeert vaak een boodschap over te brengen. U moet proberen af te stemmen op wat hij u probeert te vertellen. Als u te maken hebt met een moeilijke klant, die een klacht heeft, dan kan het moeilijk zijn om door zijn agressiviteit en kwaadheid heen te kijken en de ware klacht te ontdekken. Het is heel normaal om dan af te haken en niet meer te luisteren. Als u dat opmerkt, zou u onmiddellijk moeten stoppen, want die houding kan de zaak alleen maar verergeren.
Luisteren is een machtig middel. Uiteindelijk kunt u misschien niet helpen, maar u hebt in ieder geval de hoffelijkheid opgebracht om te luisteren. Mensen weten wanneer er echt naar ze geluisterd wordt en wanneer niet. Als u niet luistert, raken ze gefrustreerd en zullen ze u nog heviger bestoken.
Let er de volgende keer dat u luistert op of u:

- het oogcontact verliest met de spreker;
- de ander voortdurend in de rede valt;
- de zinnen voor de ander afmaakt;
- over zijn schouders staart;
- anderen bij het gesprek betrekt;
- het rapport op uw bureau probeert af te ronden, terwijl u beweert dat u nog steeds zit te luisteren.

Luidt uw antwoord op een van de bovenstaande variabelen 'ja', dan zou u nog eens goed moeten nadenken over uw luistervaardigheden, aangezien ze een barrière vormen voor een doelmatig communicatieproces.

De vier sleutelelementen voor goed luisteren

Goed luisteren wil zeggen:

1. De boodschap opvangen: echt luisteren naar wat gezegd wordt.
2. De boodschap begrijpen: letten op lichaamstaal, stem en de betekenis aanvoelen.
3. De boodschap beoordelen: de feitelijke boodschap opvangen.
4. Reageren op de boodschap: zinvol reageren op de boodschap.

LICHAAMSTAAL OBSERVEREN

Luisteren heeft niet alleen te maken met de oren maar ook met de signalen die de ogen aan de hersenen doorgeven. De hersenen proberen de opgevangen woorden te staven aan lichaamstaal en stemgeluid. De signalen die iemands lichaamstaal uitzendt, kunnen verschillen van de verbaal geformuleerde boodschap.
De hersenen zijn uiterst gevoelig voor lichaamstaal. Mehrabian heeft een theorie opgesteld over intermenselijke communicatie en volgens hem bestaat de informatie die mensen aan elkaar doorgeven uit de volgende componenten:

- 7 procent woorden;
- 38 procent stemhoogte, stemkwaliteit, spreeksnelheid en stembuigingen;
- 55 procent lichaamstaal.

Het belang van dit onderzoeksresultaat voor het omgaan met moeilijke mensen mag duidelijk zijn. Communicatie is niet alleen reageren op dat wat mensen zeggen, maar ook op hun toon

en lichaamstaal. Goede communicatie betekent dat de reactie van de luisteraar daarmee congruent is of in ieder geval niet in tegenspraak.
De meeste mensen weten dat als iemand zijn armen voor zijn lichaam houdt, dat een vorm van bescherming is tegen woorden en/of handelingen. Het vermijden van oogcontact kan erop duiden dat de betrokkene de waarheid verbergt.
Er zijn vele voorbeelden van lichaamstaal die we automatisch herkennen, accepteren, overnemen en zelf gebruiken. Meestal gaat dat onbewust, behalve als het een moeilijke situatie betreft. Onder stress zijn we ons bewuster van de lichaamstaal van de ander en van onszelf. De volgende keer moet u in uw contacten met collega's eens letten op:

- de manier waarop hun lichaam en gelaatsuitdrukking verandert;
- de vraag in hoeverre woorden en lichaamstaal overeenkomen;
- hoe uw lichaam beweegt: weerspiegelt het de ander?
- de nabijheid van de ander: maakt die een verschil uit?

Met andere woorden, probeer alerter te worden op lichaamstaal. Sommige mensen hebben een uitdrukkingsloos gezicht, maar toch kunt u een goede indicatie van hun stemming krijgen als u let op wat ze doen met hun lichaam, hoe ze met hun hoofd draaien en de gebaren die ze gebruiken.

GEVOEL VOOR DE INVLOED VAN DE OMGEVING

De omgeving die u uitkiest om met moeilijke mensen om te gaan, kan het gesprek bevorderen maar ook bemoeilijken.

Probeer rekening te houden met de volgende factoren:

- hoe uw bedrijf overkomt op anderen (het imago);
- of het een ontspannende omgeving is of niet;
- kies verschillende omgevingen voor verschillende situaties.

Het juiste imago

Hoe uw kantoor eruitziet, zegt iets over het bedrijf, en hoe uw werkplek eruitziet, zegt iets over u. Als u problemen hebt met iemand omdat u een bepaald document niet gekregen hebt en uw bureau ligt bedolven onder de papieren, dan lokt u vanzelf de reactie uit: 'Hoe kunt u hier nog iets vinden? En dat noemt zich een professional!'

Kleuren gebruiken

Kleurentherapie is uitvoerig onderzocht en het blijkt dat kleuren zoals lichtgroen en blauw ontspannend werken en helderrood stimulerend. Als u dieper op dit onderwerp ingaat, zult u ontdekken dat sommige kleuren motiverender, rustgevender of meer ontspannend zijn dan andere. U moet hier beslist over nadenken als u:

- werkt met een moeilijk team;
- een klachtenbalie leidt;
- een call center opricht.

In al deze situaties trekt u profijt van een omgeving in rustige kleuren, zodat de teamleden, werknemers en bezoekers zich meer ontspannen voelen.

Als u geen invloed kunt uitoefenen op de kantoorkleuren, kunt u uw werkplaats manipuleren met allerlei accessoires. Gekleurde bakjes gecombineerd met harmonieuze dossierdozen kunnen zelfs tegen een neutrale achtergrond een kleur neerzetten.

De juiste omgeving kiezen

Als u kunt anticiperen op een moeilijke situatie of persoon - bijvoorbeeld het vertellen van slecht nieuws of een moeilijke afspraak maken - zoek dan een omgeving die de situatie ten goede komt en niet verergert. Houd rekening met de volgende factoren:

- privacy, wat uitermate belangrijk kan zijn (bijvoorbeeld een bordje 'niet storen' op de deur);
- een ruimte met rustige kleuren (geen felle kleuren, geen druk patroon);
- alles wat afleidt en/of vertrouwelijke documentatie zo mogelijk verwijderen;
- voldoende zitplaatsen en handige accessoires (zoals tissues).

VAARDIGHEDEN OEFENEN

Zoals voor alle vaardigheden geldt, zo moet u ook uw omgang met moeilijke mensen oefenen. Hebt u alle nuttige 'instrumenten' op een rijtje staan, dan zult u ze met des te meer gemak en des te doeltreffender gebruiken naarmate u meer ervaring hebt. Het zal uw collega's vanzelfsprekend opvallen en zij zullen er uiteenlopend op reageren. Als ze vriendelijk zijn, zullen ze willen weten hoe u zo goed met mensen kunt omgaan en in dat geval kunt u ze de goede richting wijzen. Vormen ze echter een pro-

bleem, dan ontdekt u wellicht dat ze u wrokkig bewonderen. Dan zien ze immers dat u het spel volgens hun regels speelt en u niet laat wegduwen. U weigert nog langer de verantwoordelijkheid te nemen voor situaties waarmee u niet direct te maken hebt en toch merkt men dat u alle golfjes weet glad te strijken.
Onthoud dat u niet alle situaties kunt controleren, maar **u kunt ze wel sturen.** Dat is niet iets wat zomaar van de ene op de andere dag zal lukken, maar door oefening is het zonder meer mogelijk om al in zeer korte tijd de leiding in handen te nemen.

ZINNIGE FEEDBACK

Soms is het geven van feedback moeilijk, vooral als hij persoonlijk is. Feedback met betrekking tot onderwerpen die met het werk te maken hebben kan een uitdaging zijn, maar als het om iemands persoonlijke prestaties gaat, kan het een valkuil worden.

Op zijn gemak stellen

De eerste regel luidt: de ander op zijn gemak stellen. Kies het moment waarop u iemand aanspreekt zorgvuldig uit. Kies geen moment waarop hij of zij onder grote druk staat en doe het evenmin vijf minuten voor het eind van de werkdag. Iemand die gestrest is, vangt uw boodschap niet goed op.

Houd het positief

Houd alle feedback altijd zo positief mogelijk, zodat de betrokkene het gevoel krijgt dat negatieve mededelingen voldoende gecompenseerd worden door positieve. Eindig het gesprek altijd met een positieve opmerking, misschien een actieplan? Zorg ervoor dat het gesprek zich concentreert op zakelijke meningsverschillen en niet persoonlijk wordt of op het beschuldigen van anderen uitdraait.

TOEKOMSTPLANNEN

Vraag ten slotte of de betrokkene over uw opmerkingen wil nadenken en over enkele dagen nog eens wil langskomen met een actieplan waarin de verbeteringen en aanpassingen verwerkt zijn. Zo wordt het een probleem van de betrokkene en uw volgende ontmoeting kan plaatsvinden in een minder gespannen sfeer. U kunt nu aan een betere relatie gaan werken (zie figuur 2).

Onthoud dat negenennegentig procent van alle moeilijke feedback niet bedoeld is om iemand tot opgeven te dwingen. Het gaat erom **de prestaties te bevorderen** en het is belangrijk dat deze boodschap overkomt.

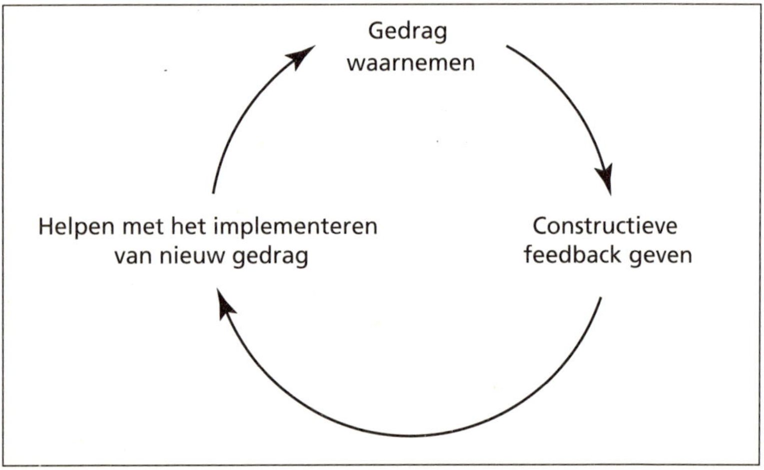

Figuur 2. Feedback-lus

BENUT UW ZELFKENNIS

Er is geen duidelijke grens tussen moeilijke en niet-moeilijke mensen. Iedereen kan in bepaalde situaties moeilijk zijn en is dat waarschijnlijk ook geweest. Omdat u zelf ook een mens bent, begrijpt u de druk waaronder iedereen staat. Combineer dat met de doelen die bereikt moeten worden, het gegeven van vele uiteenlopende persoonlijkheden en verwachtingen en de onderhuidse strijd om betere functies en het is duidelijk dat de meeste situaties een arena voor gladiatoren worden.
Het is handig als u nadenkt over uw gedrag in het verleden.
Denk terug. Op welke manieren was u moeilijk en heeft het u gebracht wat u wilde? Door terug te kijken neemt niet alleen uw gevoel toe voor degenen die u last bezorgen, maar kunt u tevens een aantal van de oorzaken bedenken - wat geen excuus voor het vertoonde gedrag mag zijn. Als u echter de oorzaak van bepaald gedrag kent, dan kunt er ook objectiever tegenaan kijken.

PRAKTIJKGEVALLEN

TIM STUIT OP ZIJN EERSTE PROBLEEM

Tim begint zijn werk niet vlekkeloos. Men brengt hem naar zijn nieuwe kantoor en hij ziet dat hij moet samenwerken met een oudere man, Piet, iemand die zijn werk duidelijk al lang doet. Tim krijgt even de tijd om te acclimatiseren en zijn omgeving te verkennen. Piet negeert Tim en wanneer Tim zich voorstelt, krijgt hij slechts een korte reactie van Piet. Tim wist dat hij met moeilijke klanten moest werken, maar hij dacht ook dat hij in een vriendelijk team met elkaar steunende mensen zou terechtkomen. Plotseling rinkelt de telefoon en Piet verandert in de behulpzame medewerker van de klantenservice. Tim weet niet wat hij moet doen.

Kristien maakt een nerveuze start

Kristien wil goed beginnen. Op de eerste ochtend roept ze het team bij elkaar om zich voor te stellen en gelegenheid tot het stellen van vragen te bieden. Ze is nogal in de war wanneer ze hoort dat Mick er grapjes over maakt dat ze het niet haalt. Ze zegt niets, maar later had ze gewild dat ze alerter had teruggeslagen. Tijdens de lunchpauze belt Suzanne van Personeelszaken om te vragen hoe het gaat en biedt haar een cursusdag ‘omgaan met moeilijke mensen’ aan. Kristien wil graag, maar de eerste zes maanden is er geen plaatsje vrij.

Jeanette zoekt probleemloos een plaatsje

Jeanette vindt het fijn dat ze weer aan het werk is. Nagenoeg alle leden van de groep zijn dames van haar leeftijd en in de eerste twee, drie weken leert ze het classificatiesysteem goed kennen. Jeanette is natuurlijk nieuwsgierig naar de computers, maar ze krijgt te horen dat de systemen nogal ingewikkeld zijn en dat ze zich beter kan bezighouden met de dossiers en het plakken van adreslabeltjes op enveloppen. Jeanette wil graag een goede indruk maken en is ervan overtuigd dat als ze netjes met de manager praat, zij haar wel zal laten zien hoe de computer werkt. Het kan onmogelijk moeilijker zijn dan dat ding van haar zoon thuis - en daar kan ze mee overweg. Jeanette maakt een aantekening in haar agenda dat ze het erover moet hebben wanneer ze haar manager bij de volgende maandelijkse vergadering ziet.

ACTIEPUNTEN

1. Denk na over de ruimten die u kunt gebruiken. Waarheen zou u iemand meenemen van wie u weet dat hij een lastpost is? Is er een betere omgeving beschikbaar?

2. Houd een dagboek bij van de moeilijke situaties die u tegenkomt. Wie doet wat? Op welke toon en met welke lichaamstaal? Hoe hebt u het aangepakt? Wat zou u de volgende keer anders doen? Schrijf uw gedachten op en lees ze regelmatig door.

3. Denk na over uw persoonlijke eigenschappen en de manier waarop u met anderen omgaat. Wees eerlijk: in welke opzichten bent u zelf een moeilijk mens?

3

MOEILIJK GEDRAG HERKENNEN

Moeilijke mensen zijn er in alle soorten en maten. De meest voorkomende typen komen hierna aan bod. Ze lopen uiteen van degenen die met veel lawaai en misbaar proberen te krijgen wat ze willen tot degenen die de weg van de stilte en het zwijgen hebben gekozen.

Alle typen hebben echter gemeen dat ze geleerd hebben dat ze met hun strategie het nagestreefde doel bereiken of dat ze de baas kunnen spelen over anderen en daaraan een gevoel van macht ontlenen. U hoeft niet te proberen hun gedrag te veranderen, want dat lukt waarschijnlijk toch niet. Het moet uw doel zijn om hun gedrag zodanig bij te stellen dat u gezamenlijk het werk gedaan krijgt.

ENKELE VOORBEELDEN VAN MOEILIJKE MENSEN

Ooit te maken gehad met die 'brombeer' op kantoor aan wie bijna niemand extra werk durft op te dragen? Men is zo bevreesd hem aan te spreken dat men het werk maar liever aan anderen geeft. Misschien kent u wel iemand die nooit knopen doorhakt, zodat anderen dat voor hem moeten doen. Of wellicht hebt u zo'n collega die consequent niet op vergaderingen verschijnt (of te vroeg vertrekt), zodat hij nooit extra werk toebedeeld krijgt - door zijn afwezigheid wordt hij vaak niet bij de werkverdeling betrokken. Dan heb je nog van die typen die met de regelmaat van de klok hun werk niet op tijd af hebben en dat anderen verwijten.

Waarom zou u over dit soort mensen moeten nadenken? Vooral omdat ze in elke werkomgeving voorkomen en u het slachtoffer van hun wangedrag zou kunnen zijn. U krijgt misschien extra werk te doen of misschien bent u de manager die de verkeerde mensen met extra werk overlaadt. Als dit soort gedrag getolereerd wordt, komt er nooit een einde aan.

OPTREDEN TEGEN AGRESSIVITEIT

Agressiviteit is een veelvoorkomende vorm van moeilijk gedrag. We kunnen de volgende drie hoofdtypen van agressieve mensen onderscheiden:

- de stoomwals
- de hekelaar
- de driftkop

STOP DE STOOMWALS

De stoomwals jaagt door het leven. Hoe u hem herkent? Hij stormt op u af, heft vermanend zijn vinger op, slingert allerlei beschuldigingen en kreten naar uw hoofd en probeert u fysiek te intimideren. Hij vindt het prettig als u zit en hij staat en zich over u heen kan buigen, wat hem een gevoel van macht geeft. Hoe groot hij ook is, hij hoeft niet bijzonder lang te zijn, want het lijkt alsof hij groeit als hij geprikkeld is en door zijn grootse gebaren lijkt hij nog extra breed ook. Hij hakt knopen door op grond van de informatie die hij op dat moment tot zijn beschikking heeft en vanaf dat moment zal hij met alle mogelijke middelen blijven bewijzen dat hij gelijk heeft.

Stoomwalsen kunnen met twee beproefde strategieën gestopt worden:

1. Tegenspreken - niet stil blijven zitten of het voor zoete koek slikken, want dat is precies wat ze van u verwachten.
2. Geen ruzie beginnen - stoomwalsen zijn kampioen in ruziemaken, wat een van de gronden voor hun gedrag is. Als u ruzie gaat maken, zal de situatie waarschijnlijk escaleren en vervolgens strijken zij de overwinning op, wat hun ego streelt en u het gevoel geeft dat ze nog meer macht over u hebben.

Ga letterlijk staan en kijk ze aan, maar staar niet en neem geen agressieve houding aan. Zeg zoiets als: 'Ik ben het op dat punt niet met u eens...' Het is nog beter als u begint met een persoonlijke benadering: 'In mijn visie is dat niet zo'n goed idee...' Direct aansluitend zegt u: 'maar ik zou wel meer willen weten' of 'zou je het iets uitgebreider kunnen vertellen, Hans?'
Door zijn naam te gebruiken, beseft de agressor eerder wat hij doet en het geeft de relatie een wat milder karakter. Agressors houden het liever onpersoonlijk. Door een persoonlijk element in de relatie te brengen, bijvoorbeeld het gebruik van voornamen, verandert de aard van de verhouding.

Hekelaars tot de orde roepen

Vijandige hekelaars opereren vanuit een dekking, die bestaat uit de bescherming van anderen. Ze zitten op kantoor en hekelen uw presentatie of vergadering, maar weten zich altijd gedekt door:

- andere mensen;
- humor (niet verwarren met cynisme).

Ze lijken zo geestig, dat u niet snel zult denken dat zij het zijn die u willen afmaken, maar dat doen ze wel, even gegarandeerd als stoomwalsen. Bovendien lijken anderen hun opmerkingen te waarderen, zodat het moeilijk is om in te zien welke schade er aangericht wordt. Maar natuurlijk ondermijnen ze u en uw vakkennis, vooral in aanwezigheid van uw collega's en chefs. Ze sneren op u en uw ideeën en als niemand ertegenin gaat, doen ze het keer op keer opnieuw.
Stel u voor dat u een presentatie houdt over een nieuwe lijn in keukenartikelen en dat die ofwel volgend jaar flinke inkomsten zal opleveren ofwel in de magazijnen zal blijven liggen. Jan zit te luisteren en besluit u te 'helpen' door van alles te schreeuwen en komische opmerkingen te maken. U kunt Jan het beste aanpakken door:

- hem op dat moment aan te spreken: 'Jan, je bent erg leuk, maar het is een serieus onderwerp waar banen van afhangen' - dat is een reactie die van assertiviteit getuigt en Jan direct met zijn gedrag confronteert;
- hem later aan te spreken, onder vier ogen, zodat er geen rookgordijn meer mogelijk is, en tegen hem te zeggen: 'Jan, je was erg leuk tijdens mijn presentatie, maar wat bedoelde je nu eigenlijk met je opmerkingen?'

Jan heeft twee mogelijkheden. Hij kan zeggen dat hij niets kwaads in de zin had of ronduit ontkennen dat hij moeilijk was. Hij zal het waarschijnlijk ontkennen, daar 'hekelaars' niet alleen agressievelingen zijn maar ook lafaards, de reden waarom ze altijd de dekmantel van een publiek nodig hebben. Hij zal vermoedelijk zeggen: 'Kun je niet tegen een grapje?' of 'Je bent overgevoelig!' en in dat geval moet u uw vraag gewoon herhalen: 'Dat klopt,

maar wat bedoelde je nu eigenlijk?' Jan zal het opnieuw moeten ontkennen of toegeven. Intussen voelt hij zich door uw actie erg ongemakkelijk, omdat hij geen kans heeft zich door anderen te laten dekken.
Terugdenkend aan deze moeilijke situatie zal hij in de toekomst wel twee keer nadenken voor hij het nog eens doet.

Kalmeren van driftkoppen

Driftkoppen komen over als aardige, rustige mensen, maar opeens is het raak. Een terloopse opmerking, handeling of waarneming en ze barsten woedend los en beginnen verwijten te schreeuwen. Je vraagt je af wat je gedaan of gezegd hebt wat zo'n agressieve reactie kan losmaken.
Driftkoppen zijn zo beangstigend omdat ze even alle controle lijken te verliezen - wat ook zo is.
Ze ontploffen alleen als ze zich blootgesteld, gefrustreerd of bedreigd voelen. Maar wie erbij is, die moet oppassen. Het maakt voor hen geen verschil of u de oorzaak bent of dat een toevallige voorbijganger of aanwezige dat is. Omdat hun driftbuien zo beangstigend zijn, werken ze voor hen zo goed, want degene die het doelwit is, zal:

- met stomheid geslagen zijn,
- in passiviteit vervallen,
- even woedend worden,

maar geen van die drie reacties leidt tot een verbetering in de situatie.
Op een driftbui kunt u het beste reageren door de driftkop aan te kijken (niet staren), hem te laten uitrazen en weer tot rust te laten

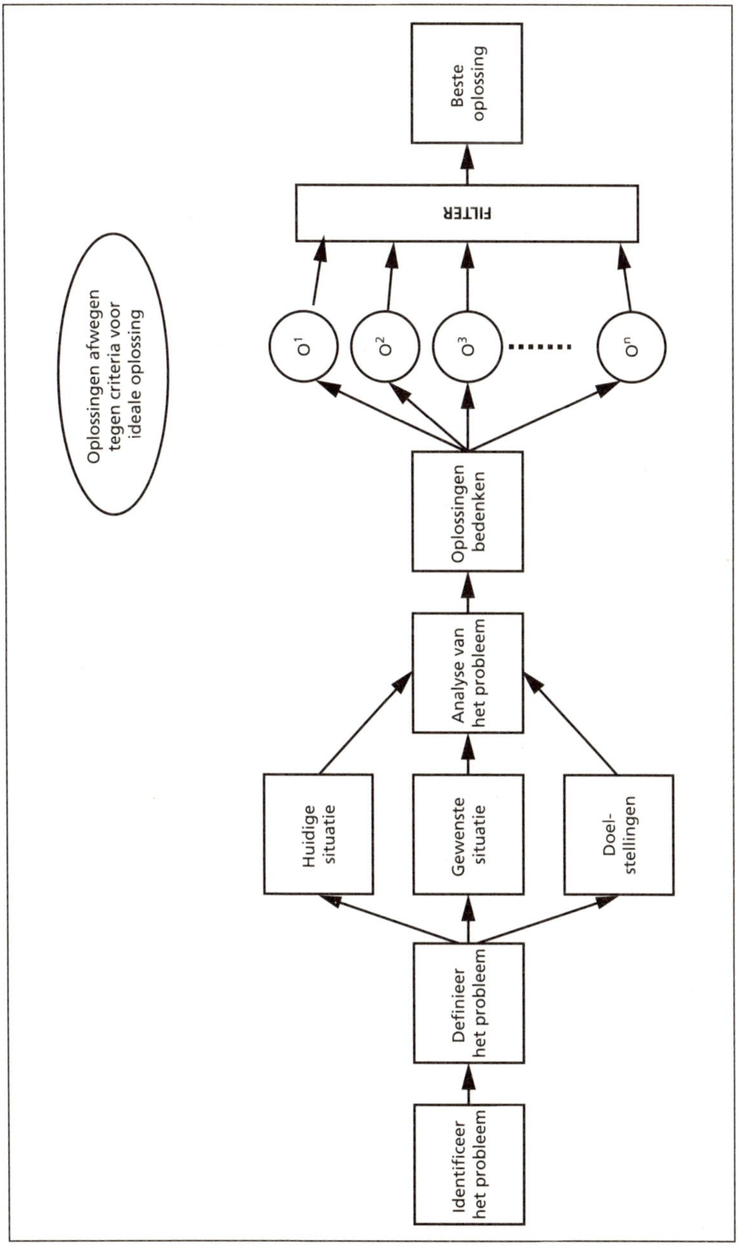

Figuur 3. Stroomdiagram problemen oplossen

komen - wat na de uitbarsting altijd gebeurt. Blijf rustig kijken, houd oogcontact en luister goed. Zelfs als u de gemaakte opmerkingen volstrekt onredelijk vindt, dan nog moet u laten zien dat u luistert.

Als ze eindelijk uitgeraasd zijn (mocht hij of zij wegstormen: nooit achternalopen!), dan vervallen ze meestal in totale stilte, hoewel ze in sommige extreme situaties beginnen te huilen. Dat is een uiting van hun hulpeloosheid. Het positieve effect daarvan is dat het ze in een stemming brengt die op het oplossen van problemen gericht is. U kunt op dat moment zeggen: 'Er lijken echt problemen te zijn, dus we kunnen beter even gaan zitten en erover praten.'

Het is belangrijk dat u laat blijken dat u hen serieus neemt. Als ze in het openbaar losbarsten, neem ze dan mee naar een ruimte die meer privé is: 'Kom, laten we even naar mijn kantoor/naar buiten gaan.' Dan kunt u de redenen voor hun uitbarsting achterhalen en indien mogelijk steun aanbieden door over een actieplan te praten of voor een gesprek later af te spreken. Beloof nooit steun die u niet kunt waarmaken. Doet u dat wel, dan keert het zich ooit tegen u.

PROBLEEMOPLOSSENDE ATTITUDE

Het doel moet uiteindelijk zijn dat u beiden samenwerkt aan het oplossen van het probleem. Dat kan vereisen dat u beiden weer moet terugkeren tot het oorspronkelijke probleem: door indringende vragen te stellen, de versiering weg te halen en niet alleen naar oplossingen te zoeken, maar tevens naar een verfijning of herdefiniëring van het probleem.

Het oplossen van een probleem is een proces, zoals blijkt uit het in figuur 3 getekende stroomdiagram.

OMGAAN MET BETWETERS

In een arbeidsomgeving zijn betweters vaak deskundigen in hun vak, die jaloers hun kennis bewaken alsof kennis gelijk zou staan aan macht.
Ze proberen met hun kennis de ideeën van anderen te verpletteren. Ze walsen de bezwaren, vragen, ideeën van anderen plat met grote woorden, snelle zinnen en technische vaktaal. Ze weten ook heel goed hoe ze anderen moeten platdrukken met frasen als: 'Dat weet iedereen' of 'Vanzelfsprekend moeten we', enz. Ze kunnen iemand zelfs non-verbaal uit zijn lichaam drukken, bijvoorbeeld door hemelwaarts met hun ogen te rollen als iemand het waagt om hun een dieper gaande vraag te stellen - zo van 'och, domme aardworm, hoe durf jij mij iets te vragen?' Ze denken altijd dat ze het juiste antwoord op een probleem weten en dat ze dus niet naar de visie van een ander hoeven te luisteren. Dat die ander een afwijkende mening durft te hebben, wordt als een persoonlijke belediging beschouwd.
Een betweter kunt u beter eerst laten uitpraten. Houd oogcontact, luister en kijk geïnteresseerd. Parafraseer soms een paar details:

1. dan staat u dat detail helderder voor ogen;
2. het vertraagt hun spreeksnelheid, zodat u waardevolle denktijd verwerft;
3. het garandeert dat ze weten dat u hen gehoord hebt.

Parafraseren is een handige techniek, die u zich eigen zou moeten maken, vooral als u met betweters moet samenwerken. U laat ermee blijken dat u ze begrijpt. Helaas is het wel zo dat als de betweter denkt dat u het niet goed begrepen hebt, u het hele verhaal

nog een keer over u heen krijgt, met nog meer details, wat het probleem er niet helderder op maakt.
Vragen stellen over hun werk is geen eenvoudige zaak, want dan voelen ze zich in het defensief gedrongen en beginnen almaar technischer taal uit te slaan en walsen u wellicht vanuit een andere invalshoek geheel plat. Als u bezwaren hebt, kunt u die het beste met behulp van de volgende technieken laten weten:

- **Simpelman** - gedraag u naïef. Zeg bijvoorbeeld: 'Misschien zie ik het verkeerd, maar zouden we de order niet beter bij Henkers kunnen plaatsen? Vorige maand boden ze ons een flinke korting aan.' Zo kunt u hun misschien informatie geven die ze nog niet hadden - maar houd altijd een gemakkelijk uitweggetje voor hen open.
- **Naar de toekomst reiken** - denk over de toekomst. Vraag of ze hun idee in de tijd willen overdenken, bijvoorbeeld: 'Dat is indrukwekkend, maar ik zou wel eens willen weten hoe het de volgende vijf jaar uitdraait, en vooral hoe het past in onze expansieplannen.' U krijgt zo de tijd om over hun ideeën na te denken en zij zullen waarschijnlijk meer onderzoek moeten doen. Als het er nog steeds goed uitziet, dan kunt u altijd nog met hun optie meegaan, maar overtuig u er dan eerst van of u ook alle feiten kent.

HET STILLE MUURBLOEMPJE UIT ZIJN TENT LOKKEN

U denkt misschien dat het moeten temperen van agressiviteit al erg genoeg is en dat het zwijgzamere type daarom meer dan welkom is. Totdat u beseft dat zijn zwijgen een strategie is.

Mensen die zwijgen zijn moeilijk in te schatten, omdat je nooit kunt weten wat ze denken: het kan van alles zijn. Ook hun stemming blijft vaag. Het kan:

- dat ze mokken omdat ze het gevoel hebben dat ze buitengesloten worden;
- dat ze onzeker zijn en niet weten wat te doen;
- dat ze de woorden niet kunnen vinden om hun gevoelens te uiten;
- dat ze in de war zijn en zich niet helder kunnen uiten;
- dat ze u niet goed kunnen verstaan doordat door emoties de woorden niet tot ze doordringen;
- dat ze uit effectbejag zwijgen.

Omdat u niet weet om welke reden ze zwijgen, is het ook moeilijk om op een zinnige manier te reageren. Als u echter weet dat het muurbloempje zijn zwijgen hanteert als een voor hem voordelige strategie, dan kunt u de volgende techniekjes uitproberen, die in de meeste gevallen goed werken.

De stilte doorbreken

Begin de bijeenkomst met iets lichts, een positief praatje om de ander op gang te krijgen. Het is handig als u dat doet voordat u zegt wat u eigenlijk op uw hart hebt, bijvoorbeeld dat u het rapport nodig hebt dat ze zouden samenstellen. Als ze dan in zwijgen vervallen, dan valt die stilte des te sterker op - een schril contrast met de eerdere levendigheid. Als dat gebeurt, dan is de beste techniek: niks zeggen. De stilte niet opvullen, want dan hebt u ze uit hun narigheid gered. Blijf wel voortdurend oogcontact houden en toon u hoopvol en enthousiast, alsof u een antwoord ver-

wacht. Als u zit, buigt u voorover in uw stoel. Blijf zo enige minuten zitten (wat in volkomen stilte lang is) en als de stilte aanhoudt, vraag dan of ze antwoord willen geven, nog steeds een wachtende houding aannemend. Als het dan nog steeds stil blijft, dan zult u het voor de hand liggende moeten zeggen: 'Fred, ik dacht dat we hier zouden praten, maar meer dan stilte hoor ik niet. Wat is het probleem?'
Blijf zakelijk en helder formuleren - niet voor hen praten, gebruik hun wapen van het stilzwijgen tegen hen. Als er nog steeds geen reactie volgt, dan zit er niets anders op dan hen de situatie te schetsen. 'Fred, ik heb je om een rapport gevraagd en dat heb je me niet gegeven. Ik heb gevraagd waarom, maar je blijkt niet in staat erover te praten en dus heb ik geen andere keus dan het door te geven aan de projectmanager.'
Dat kan opeens tot een dialoog leiden of de betrokkene staat op en gaat de kamer uit. Als hij weggaat, moet er ook werkelijk een gesprek met de projectmanager volgen. U moet echter hopen dat hij begint te praten, want zo lang er gepraat wordt, kunt u samen aan de oplossing van het probleem gaan werken.

ONVERBETERLIJKE KLAGERS TOT DE ORDE ROEPEN

Iedereen kent de onverbeterlijke klager wel. Hij is niet alleen vervelend, maar hij kost ook veel tijd en energie als je eenmaal besloten hebt om te luisteren. Gewoonlijk begint hij elk gesprek met: 'Je weet, ik hou niet van klagen, maar...'
Onverbeterlijke klagers voelen zich machteloos en hebben het gevoel dat ze zelf niets kunnen bereiken. Ze willen dat u het voor hen doet. Ze geloven in het lot, in geluk en toeval en de macht

van de 'organisatie', niet de macht van het individu. Ze klagen tegen u in de hoop dat u het voor hen doet en hun problemen voor hen oplost.

De beste techniek is goed luisteren. Parafraseer wat ze zeggen, zodat ze weten dat u begrijpt wat ze proberen te zeggen. Laat niet blijken dat u het met ze eens of oneens bent, want dat kan ze ertoe aansporen om verder te klagen. Zoek ook geen excuses, herhaal alleen de feiten zoals u ze ziet en vraag of u het goed begrepen hebt. Door u op deze manier nuchter en neutraal op te stellen, worden ze gedwongen over het echte probleem na te denken. En dat is wat u wilt: samen aan de oplossing werken. Stel open vragen, zoals: 'Wanneer is dit voor het eerst gebeurd?', 'Is het op sommige dagen beter/slechter?', 'Wat zou je graag als resultaat willen zien?'

Blijf niet eindeloos praten, want klagers zijn dol op hun eigen stem en kunnen lang doorgaan. Onderbreek ze met opmerkingen als: 'Ik heb over tien minuten een andere afspraak en moet me nog even voorbereiden.'

U moet zich echter nooit hun probleem toe-eigenen, uitgezonderd de enkele keer dat het de meest aangewezen weg lijkt.

WARE GEVOELENS BLOOTLEGGEN

Moeilijke typen lijken in de regel niet in staat om hun ware gevoelens te uiten. Ze vinden het moeilijk om de verantwoordelijkheid voor hun gedrag te nemen en wijten hun manier van doen voortdurend aan allerlei factoren en andere mensen. Moeilijke mensen helpen om hun gevoelens te uiten, helpt hen om de verantwoordelijkheid voor hun gedrag te nemen en de consequenties ervan te dragen.

U kunt ze daar het makkelijkst toe verlokken met behulp van 'emotionele' taal. Gebruik bijvoorbeeld zinnetjes als: 'Het voelt als...' in plaats van: 'Het is...'. Probeer tijdens gesprekken ook steeds hun gevoelens los te maken door vragen te stellen als: 'Wat vindt jij ervan?' in plaats van te zeggen: 'Zo is het dan!' Ze zullen dan op hetzelfde emotionele niveau reageren. Ze kunnen zelfs hoogst verrast zijn dat iemand erom geeft wat ze voelen en vinden, nadat ze zo lang alleen met uiterlijke woorden en handelingen hebben gewerkt.

NEGATIVISME BESTRIJDEN

Negatieve mensen zijn niet gelukkig. Evenals onverbeterlijke klagers denken ze dat ze geen macht over hun leven hebben en degenen die dat wel hebben, zijn onbetrouwbaar. Ze zijn ervan overtuigd dat hun kijk op de wereld de enig juiste is en dat ze helemaal niet negatief zijn - alleen eerlijk.

Het beste wat u kunt doen, is nooit in discussie te gaan met negatievelingen. Het is beter om toe te geven dat ze een punt hebben en het dan af te ronden met een positieve verklaring. Als u bijvoorbeeld te horen krijgt: 'Daar wil jij niet op vakantie gaan. Het regent er altijd!', dan kunt u het beste antwoorden: 'Je hebt waarschijnlijk gelijk, maar ik heb die streek altijd willen bezoeken en een vriend die er vorig jaar is geweest, vond het er fantastisch.'

Een negativist op het werk kan een mentale leegzuiger zijn, maar in plaats van hem te negeren, kunt u hem beter bij de vergaderingen en discussies betrekken. Soms is het handig om ook de slechtste kanten van iets te zien, maar laat u echter nooit mee naar beneden trekken.

BESLISSINGEN BEVORDEREN

Veel van het werk heeft tegenwoordig te maken met keuzes en besluiten, maar sommige mensen durven continu geen keuzes te maken. Ze wachten af en hopen dat een ander de keuze zal maken of ze lopen zelfs gewoon weg.
Dat is grotendeels een gevolg van angst voor foutieve beslissingen en de mogelijke consequenties ervan. In hun binnenste hebben ze het gevoel dat men de dingen zo lang mogelijk vooruit zou moeten weten, maar ze denken dat het hun voorzichtigheid is en dat ze alleen kunnen kiezen als ze maximaal geïnformeerd zijn. Het moeilijkste van dit type mensen is nog wel dat ze gewoonlijk ongekend populair zijn, altijd behulpzaam en naar ieders zorgen en problemen willen luisteren. Het is alleen vervelend dat ze er niets aan doen. Als u op maandag om een rapport vraagt, dan beloven ze dat het er vrijdagmiddag is. Natuurlijk geen rapport op vrijdag. En ook op maandag niet. Maar ze zijn zo aardig voor anderen, dat die de excuses voor hen maken: 'Ik weet dat Ben de afgelopen week druk aan het werk is geweest. Hij kan het niet vergeten zijn.'

AFWACHTERS AANSPOREN

Deze mensen zult u onder meer moeten aanmoedigen om eerlijk jegens u te zijn, wat voor hen vrij moeilijk is. Ze doen net alsof alles prima gaat, terwijl ze onder het werk bedolven worden. Ze verzetten zich niet tegen een idee uit angst dat ze iemand kwetsen en ze beseffen niet hoe frustrerend hun gebrek aan besluitvaardigheid voor anderen is. Ze zijn dol op win-winsituaties en zien de organisatie het liefste als één grote familie.

Als u weet dat u een gesprek met zo iemand moet voeren, begin dan altijd met een of andere positieve opmerking over werk dat hij recent gedaan heeft of maak een meer persoonlijke opmerking over zijn kledingkeuze of stijl. Het moet wel echt gemeend zijn. Het is goed voor hun eigenwaarde, zodat ze de discussie beter ingaan. Als u wilt dat ze commentaar geven op iets wat u gedaan hebt, dan zullen ze zich te buiten gaan aan lof; maar voordat u helemaal wegzweeft, kunt u beter zeggen: 'Dank u voor uw positieve commentaar, maar voor het evenwicht, zou u misschien ook kunnen aangeven of er wellicht negatieve kantjes aan zitten?' Waarschijnlijk zullen ze dat ontkennen, maar dan moet u verder aandringen. 'Ik wist dat u dat zou zeggen en ik ben ook zeer gevleid, maar aan alles kleeft wel een smetje, hoe klein ook, dat verbeterd zou kunnen worden. Kunt u mij vertellen of u misschien zo'n miniem vlekje gezien hebt?' Misschien dat ze bijten en u mag er zeker van zijn dat ze dan opmerkingen geven waar ze al langer over nagedacht hebben. Bedank deze mensen ten slotte altijd uitbundig voor hun **zowel positieve als negatieve opmerkingen**. U zult hun geleidelijk moeten leren dat negatieve opmerkingen acceptabel zijn, vooral in het belang van het eindresultaat.

PRAKTIJKGEVALLEN

TIM ZET DE DINGEN OP EEN RIJTJE

Tim besluit dat het tijd wordt om met iemand over Piet te praten, omdat hij zijn gedrag niet kan plaatsen. Hij dacht dat ze zouden samenwerken als een team, maar Piet wil daar niets van weten. Hun collega Adrie werkt parttime en Tim besluit haar in vertrouwen te nemen, maar wil eerst weten wat haar relatie met Piet is. Het zou de zaak erger maken als later zou blijken dat zij met Piet bevriend is of zich van geen probleem bewust is. Tim denkt hard na en kiest voor een 'zachte' aanpak. Hij vraagt Adrie of ze tijdens de lunch een broodje met hem wil eten. Het is de eerste keer dat hij bewust heeft nagedacht over een strategie om iets te bereiken. Hij wil de baan en is bereid zijn beste beentje voor te zetten.

Kristien stuit op haar eerste hindernissen

Kristien stuit op de eerste problemen. Bij het doornemen van het projectplan merkt ze dat een aantal taken nog niet afgerond is. Het is niet iemands schuld in het bijzonder, alle teamleden hebben minimaal één deeltje van het werk nog niet afgerond. Bovendien heeft ze een e-mailtje gekregen van Dymfna waarin de projectsecretaresse haar informeert over enkele 'verborgen' problemen. Er is sprake van een persoonlijke relatie tussen twee teamleden, Mick en Andrea, die een averechts effect op de werkprestaties kan hebben, en Arend heeft een drankprobleem en gedraagt zich daardoor vaak nogal grof. Kristien weet niet goed wat ze met deze informatie moet doen en begint zich af te vragen wat ze zich op de hals gehaald heeft.

Jeanette staat voor een raadsel

Jeanette praat bij de volgende ontmoeting met haar manager. Ze legt uit dat ze met de computer van haar zoon gewerkt heeft en dat ze de verworven kennis wil gebruiken op kantoor. Marie, Jeanettes manager, lijkt het een goed idee te vinden en maakt een aantekening in Jeanettes dossier. Marie ziet er het verhoor van haar gebeden in. Daar het computerwerk achter ligt op schema en er ook nog een teamlid ziek thuis is, wordt het er namelijk niet beter op. Marie zegt tegen Jeanette dat ze morgen met haar teamgenote Jeanine zal praten. Er gaat een week voorbij en Jeanette vraagt zich af wat er gebeurd is. Als ze er tegen Jeanine over begint, blijkt die van niets te weten. Jeanette begint zich af te vragen of ze het gesprek met Marie soms gedroomd heeft.

ACTIEPUNTEN

1. Agressiviteit is alleen doelmatig te bestrijden met een positieve houding. Oefen uw houding hardop voor een spiegel.

2. Als u bijzondere problemen met iemand hebt, vraag dan een vriend om hulp. U kunt het dan samen aanpakken of elkaar steunen.

3. Zie moeilijke mensen als moeilijke kinderen. Ze hebben een harde hand nodig en u zou u niet door hen van het kastje naar de muur moeten laten sturen.

4

OMGAAN MET MOEILIJKE SITUATIES OP HET WERK

Het zijn niet altijd mensen die moeilijk zijn, soms komt het door de situatie. Arbeidsverhoudingen en het werk op zich gaan vaak gepaard met allerlei situaties waarop men zich niet kan voorbereiden. Het staat echter als een paal boven water dat u vroeg of laat met moeilijke situaties te maken krijgt. Als u nu al nadenkt over eventueel nuttige strategieën, dan kunt u misschien voorkomen dat een toekomstige situatie u in verlegenheid brengt.

WAAROM SITUATIES MOEILIJK KUNNEN ZIJN

Mensen zijn ingewikkelde wezens. Zet mensen bij elkaar in groepen van twee of meer en de kans op wanbegrip neemt alarmerend toe.

Bovendien kan de arbeidsomgeving ingewikkeld zijn, bijvoorbeeld omdat men de afdelingen meer autonomie heeft gegeven, zodat beslissingen die eerder ergens in de top werden genomen, nu op de afdelingen zelf genomen moeten worden. Of een baan die aanvankelijk een baan voor het leven leek, blijkt in deze veranderende tijden helemaal zo zeker en veilig nog niet en dus kan het kleinste foutje fataal zijn. Daarnaast moet men over het algemeen steeds sneller knopen doorhakken, omdat steeds meer mensen steeds sneller resultaten willen zien.

Gezien de combinatie van ingewikkelde mensen en een ingewikkelde werkomgeving is het niet zo vreemd dat er moeilijke situaties ontstaan. Daar komt nog bij dat mensen hun privé-proble-

men vaak meenemen naar het werk. Figuur 4 geeft weer hoe die drie factoren samen tot moeilijke situaties kunnen leiden.
Wat is een moeilijke situatie? Vaak bedoelt men ermee dat men zich machteloos voelt. Wanhoop en frustratie krijgen de overhand en hoe meer men in zijn innerlijk opgesloten raakt, des te moeilijker het wordt om in de buitenwereld te handelen.

OMGAAN MET VERDRIET

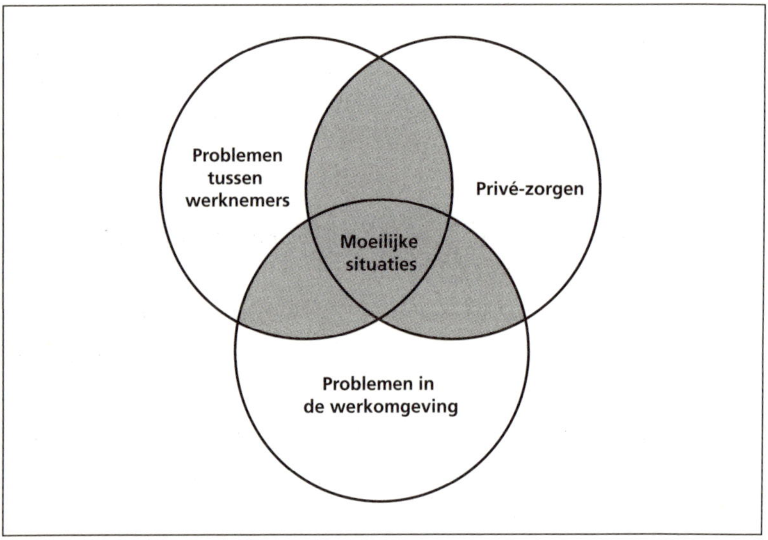

Figuur 4. Wisselwerking tussen drie typen problemen

Verdriet is een gevoelig onderwerp dat niet zomaar uitgepraat kan worden. De betrokkene lijdt meestal niet alleen onder zijn verdriet, maar worstelt met nog vele andere gevoelens, die soms deskundige hulp vereisen, bijvoorbeeld schuldgevoelens, verraad, verlatingsangst, algemene angst.
Dit soort crisisgevoelens mag u niet op uw bord nemen. Er zijn deskundigen die daarvoor opgeleid zijn en die u desgewenst kunt

inschakelen. Het verdriet van een teamlid kan ook u zodanig aangrijpen dat u wellicht zelf beter hulp kunt zoeken. Het kan erg belastend zijn om met iemand te moeten samenwerken die onlangs met een sterfgeval te maken heeft gehad. Het kan opluchten als u er met anderen over kunt praten.
Het betrokken teamlid heeft niet alleen steun nodig voor zijn gevoelens, ook praktische hulp is aangewezen. Soms is het het beste om hem enkele dagen vrij te geven zodat hij de zaken kan afhandelen, soms is het misschien de aangewezen weg de helpende hand te bieden op financieel gebied of bij het regelen van de uitvaart. Iedereen kan door een sterfgeval uit zijn doen raken. Tactisch aangeboden, oprechte hulp die de eigenwaarde van de betrokkene niet aantast, kan een bron van grote troost zijn.

SEKSUELE INTIMIDATIE

Seksuele intimidatie is intussen een normaal gespreksonderwerp waarover door de media regelmatig bericht wordt. Toch is het nog steeds geen duidelijk afgelijnd onderwerp. Als iemands hand per ongeluk over uw rug glijdt, is dat dan het begin van een verkrachting, een aantasting van uw lichamelijke integriteit en persoonlijke territorium of gewoon iets wat nu eenmaal wel eens gebeurt? Zijn iemands 'seksistische' verbale uitingen altijd zo bedoeld? Ook wanneer anderen zeggen: 'O, Pietje doet altijd zo. Het betekent niets.' De Europese Commissie heeft geprobeerd een definitie te bedenken die als aanknopingspunt kan fungeren. 'Ongewenst gedrag van seksuele aard of ander op sekse gebaseerd gedrag dat de waardigheid van mannen en vrouwen op het werk aantast.' Het kan dus om fysiek, verbaal en non-verbaal gedrag gaan.

Een andere definitie is bijvoorbeeld: 'Ongewenste verbale of seksuele toenaderingen, seksueel expliciete, onterende uitingen of seksueel discriminerende opmerkingen van een werknemer die beledigend zijn voor de betrokkene, omdat hij zich daardoor bedreigd, vernederd, neerbuigend behandeld of in verlegenheid gebracht voelt of die zijn functioneren nadelig beïnvloeden, zijn baanzekerheid op het spel zetten of een bedreigende of intimiderende arbeidsomgeving creëren.'
Essentieel in beide definities is de term 'ongewenst'. Als u denkt dat iemands aandacht voor u binnen een van beide definities valt, dan is er sprake van seksuele intimidatie en dient u maatregelen te nemen.

Omgaan met seksuele intimidatie

Seksuele intimidatie is een vorm van vernedering. De dader probeert u zenuwachtig te maken en te verwarren. U moet zich vermannen en de dader de les lezen of het aan een andere manager of collega vertellen.
Seksuele intimidatie begint vaak sluipend en onopvallend. Een opmerking, een lichte aanraking - niets waarvan men kan beweren dat er opzet in het spel is, omdat de dader zich nog kan verweren met de bewering dat het een ongelukje was of dat u het verkeerd ingeschat hebt. Veel slachtoffers van seksuele intimidatie wijten het zelfs aan zichzelf of anderen - zij hebben het immers toegelaten, of niet?
Als u er direct tegen kunt optreden, blijkt dat vaak voldoende afschrikking. Een simpele verklaring als: 'Ik hoop niet dat je die opmerking bedoelde zoals ze klinkt', is vaak al genoeg. Negeren blijkt helaas geen doelmatige repliek. Niet iedereen durft echter de ander direct aan te spreken, vooral niet als het iemand betreft

die hoger in de hiërarchie staat. Het is belangrijk dat u de dader nooit ofte nimmer enige aanmoediging geeft en bovendien moet u een dagboekje van de incidenten bijhouden, hoe onbeduidend ook. Als het een kwestie wordt, hebt u elk splintertje bewijs nodig. Vaak betreft het mensen die op dit gebied al een zekere geschiedenis hebben en het komt maar zelden voor dat anderen op de werkvloer er niets van merken. De bewijsjes die u verzamelt, kunnen precies dat zijn wat nodig is om er definitief een eind aan te maken.
Hoewel het een moeilijk probleem blijft, moet u niet vergeten dat als u nu ingrijpt, u mogelijk enkele andere collega's eenzelfde ellendig lot in de toekomst bespaart.

PRESTATIEBEOORDELINGEN

Managers en ondergeschikten komen in vele bedrijven regelmatig bij elkaar om in een persoonlijk gesprek de werkprestaties te bespreken. Gewoonlijk vindt er jaarlijks een evaluatiegesprek plaats, maar tweemaal per jaar of zelfs maandelijks is ook heel gewoon. Evaluatiegesprekken kunnen:

- direct samenhangen met salarishoogte en salarisverhogingen;
- niet met salaris samenhangen en over het ontwikkelen van vaardigheden gaan.

Wat de bedoeling ook is, goede documentatie is een vereiste zodat het prestatieniveau gedegen onderbouwd is. Als een organisatie iemand wil straffen voor ondermaatse prestaties, dan zal men eerst eerdere evaluatierapporten bestuderen. Eerlijkheid en nauwkeurigheid zijn dan ook essentieel.

Vaak is een evaluatierapport een mix van positieve en negatieve feedback. Men hoort altijd te beginnen met positieve opmerkingen. De negatieve komen aan het eind. Dat is ook logisch, want men mag gerust aannemen dat elke medewerker toch minimaal 75% van de tijd naar behoren functioneert. Wat schrik kan teweegbrengen, is uw benadering van die andere 25%.
Of u degene bent die de evaluatie maakt of degene die geëvalueerd wordt, onthoud dat de meeste managers niet happig zijn op het kwijtraken van mensen. Zou dat wel zo zijn, dan zouden ze wel vaker mensen evalueren dan eenmaal per jaar. Nee, wat zij willen zien is dat er sprake is van vooruitgang, dat men zich nieuwe vaardigheden eigen heeft gemaakt. Het is eigenlijk een gestructureerde manier om te bepalen in hoeverre de vaardigheden die u aangeleerd hebt en die de organisatie wenst, nog in de pas lopen.

RELATIES ACCEPTEREN

Op elke werkvloer bestaan tussen de personeelsleden allerhande relaties die u moet herkennen en respecteren. Weet u dat iemand alles wat u tegen hem of haar zegt aan collega's of thuis doorvertelt, dan mag u dat niet beletten om het toch te zeggen, hoewel u in dit geval misschien het beste wat meer aandacht aan uw formulering kunt besteden.
Bent u pas bij de organisatie, dan kunt u niet op de hoogte zijn van de bestaande relaties en u dient daarom waakzaam te zijn en behoedzaam te manoeuvreren. Werkt u ergens al langere tijd, dan kent u de meeste relaties waarschijnlijk wel. Let erop dat u uw relatiekennis ook kunt gebruiken om boodschappen via een andere route te verspreiden!

Drie veelvoorkomende relatievormen zijn:

1. vriendschappen
2. bloedverwantschap
3. persoonlijke relaties

Vriendschappen

Vriendschappen kunnen uiteenlopen van terloops en los tot dik en intiem. Ze kunnen fluctueren en in de loop van de tijd kan de emotionele component veranderen.

Bloedverwantschap

Bloedverwantschap op het werk komt vaker voor dan menigeen denkt. Vaak werkt er wel een oom, tante, achterneef of zelfs eerstegraads bloedverwant van iemand in hetzelfde bedrijf. Hoewel deze relaties niet altijd de intensiteit van een hechte vriendschap hebben, kunnen ze niet zomaar verbroken worden en veel mensen voelen zich sterk aan hun familie gehecht, hoe ver verwijderd ook. Tegenwoordig komt het natuurlijk steeds vaker voor dat het om halfbroers en halfzussen gaat die niet dezelfde achternaam hebben.

Persoonlijke relaties

Persoonlijke, romantische relaties komen op de werkvloer vaak voor. Soms is het een 'kantooraffaire', soms betreft het een echtpaar. Het valt te verwachten dat koppels sterk voor elkaar opkomen, hoewel het soms om een meer vluchtige en instabiele relatie zal gaan.

Voor alle relaties geldt als vuistregel dat u bedacht moet zijn op mogelijke consequenties en toch iedereen als individu moet blijven zien.

SLECHT NIEUWS VERTELLEN

De meeste mensen zullen ooit een keer slecht nieuws te vertellen hebben. Dat kan van alles zijn. Misschien moet iemand ontslagen worden omdat hij de kantjes eraf loopt. Een ander moet verteld worden dat het sollicitatiegesprek negatief is uitgevallen. Het is een zware taak, maar vergeet niet dat het ontvangen van slecht nieuws nog aanzienlijk ellendiger is.

DENK AAN DE PLAATS

Zoek altijd een aparte, afgesloten ruimte op en niet een glazen stolp of een vertrek met grote ramen zodat iedereen de reacties van de betrokkene kan zien. Bied een stoel aan en ga zelf ook zitten. Het is niet nodig dat de betrokkene tegen u opkijkt en ijsberen is voor de luisteraar enorm vervelend, ook al brengt het u misschien tot rust.

COMMUNICEER MET ZELFVERTROUWEN

Als de betrokkene comfortabel zit, begint u te praten. Doe dit duidelijk en in een tempo dat hij of zij goed kan volgen. Vermijd jargon en probeer de situatie evenmin te verbloemen met fraaie termen en eufemismen. Kijk de ander voortdurend aan en laat uw blik niet ongericht door het vertrek dwalen, ook al probeert de ander uw blik te ontwijken.

Let op uw lichaamstaal

Ga voorover zitten en laat blijken dat het gesprek uw aandacht heeft. Hang niet nonchalant achterover geleund, want dat maakt een indruk van onverschilligheid. Versterk uw argumenten met enkele kleine gebaren en vermijd grootse gebaren. Probeer ook extreme gelaatswisselingen te vermijden, dus richt bijvoorbeeld niet de ogen ten hemel en sla niet met een vuist tegen uw voorhoofd.

Beëindig het gesprek positief

Beëindig het gesprek met een positieve opmerking. Waar het gesprek ook over ging, eindig met een werkbaar plan. Verlaat het vertrek pas als de betrokkene verbaal of op papier met het plan akkoord gaat. Kijk enthousiast en moedig de betrokkene aan om het gesprek op te vatten als een mogelijkheid om te praten, oude gewoonten te evalueren en nieuwe wegen in te slaan en niet als een louter negatieve gebeurtenis.
Bepaal tot slot een datum voor een nieuw gesprek en zorg ervoor dat u die beiden in uw agenda noteert.

INZICHT IN DE NEGATIEVE GEVOLGEN VAN GOED NIEUWS

Goed nieuws is natuurlijk geweldig voor de ontvanger: die voelt zich fantastisch. Ook voor de verstrekker is het prettig, want het is altijd aangenaam om te weten dat je een ander een goede dag hebt bezorgd. Maar houd er rekening mee dat niet iedereen even in zijn nopjes is met het ‘goede nieuws’.

Stel dat u de baas bent van twee afdelingschefs. Hun functiewaardering verschilt niet. De een is echter consultant en de ander leidt een team. Door een reorganisatie krijgt de teamleider een grotere taak en de consultant niet. Voor de teamleider is dat heerlijk nieuws, maar voor de consultant niet bepaald. Iedereen zal de teamleider met zijn promotie feliciteren, maar voor de consultant wordt het steeds moeilijker om uiting te geven aan zijn misnoegen, omdat hij anders voor jaloers wordt uitgemaakt.
De een zijn dood is de ander zijn brood en het geluk van de een kan de ellende van een ander zijn.
Goed nieuws is altijd welkom, maar voordat u het bekendmaakt, zou u toch ook aan andere betrokkenen moeten denken en op hun reacties dienen te anticiperen.

AFBEKKEN EN TIRANNISEREN

Dit zijn dingen die gebeuren. Helaas is het zo dat het slachtoffer het toelaat doordat het zich niet verzet. Het lijkt aanvankelijk misschien onmogelijk om je tegen deze mensen te verzetten, maar toch is dat de enige manier om ze van je af te krijgen. Weglopen - de eenheid, de afdeling, het bedrijf vaarwel zeggen - is geen zinnig alternatief.
Onder mensen die macht hebben, zullen er onvermijdelijk ook enkele zijn die hun voorrechten op de een of andere manier zullen misbruiken. Misschien openlijk en duidelijk, bijvoorbeeld door te schreeuwen tegen iemand die niet alles gedaan heeft wat er geëist werd, maar het kan ook indirect en onderhuids gebeuren, zoals achterbakse manoeuvres die het zelfvertrouwen van de betrokkene ondermijnen. Beide werkwijzen zijn dodelijk en hoogst onfatsoenlijk.

Het goede nieuws is echter dat mensen die op zo'n manier gedaan willen krijgen wat ze nastreven, gewoonlijk slappe mensen zijn en zeker niet zo sterk als u geneigd bent te denken. In feite hebben ze maar weinig respect voor anderen en daarom vergrijpen ze zich aan dergelijke onoorbare technieken. Met die wetenschap in het achterhoofd kunt u hen dus als gewone mensen gaan beschouwen. Het zijn geen machtige godenzonen, integendeel, het zijn kleine kinderen die in de speeltuin jengelend een of ander stukje speelgoed proberen te bemachtigen. Als u dat soort mensen zo bekijkt, zult u er geen moeite meer mee hebben om ze te weerstaan.

Een logboek bijhouden

Als u het slachtoffer bent van zo'n beul, houd dan een dagboekje bij waarin u de incidenten en het moment van gebeuren noteert. Het is niet onverstandig om er tevens uw gevoelens bij te noteren, aangezien het geschreven woord niet altijd de nuances en toon kan weergeven: gesar, sarcasme en venijn komen in letterlijke woorden niet altijd goed uit.
Als u er op een gegeven moment werk van wilt maken, is uw logboek niet alleen stevig bewijsmateriaal, maar ook iets wat de betrokken beul de schrik op het lijf zal jagen. Waarschijnlijk zal hij nooit bevroed hebben, dat zijn opmerkingen op die manier gedocumenteerd zouden worden.

Steun zoeken

Praat erover met uw manager en/of collega's. U hoeft dergelijk gedrag niet te pikken en het kan heel goed dat anderen ook al bezig zijn met een dossier. Voordat u erover praat, maakt u eerst duidelijk dat het om een vertrouwelijk gesprek gaat en vraagt uw manager en/of collega's om steun. Als het een nadelig effect heeft op uw werk, is het misschien handig om te vragen of dat feit in uw persoonlijke dossier kan worden opgetekend.

Let op uzelf

Zoek zo veel mogelijk steun. Praat buiten het werk met vrienden of uw partner, praat op het werk met collega's of vakbondsmensen. Sommige mensen kunnen zelfs behoefte hebben aan een vertrouwelijke, telefonische hulpdienst.
Houd altijd voor ogen dat het nooit vanzelf ophoudt, want daarvoor is het te diep ingesleten. Uw zelfbehoud staat op het spel. Verzet u door het probleem zonder omwegen onder ogen te zien of kom tot de conclusie dat u hier niet moet zijn en zoek een andere baan.

PRAKTIJKGEVALLEN

Tim vindt steun

Tims afgewogen benadering van Adrie loont zich. Ook zij wil met iemand over Piet praten. Ze beseft dat hij oneerlijk handelt en denkt dat ze de reden daarvoor kent. Adrie vertelt dat verschillende mensen al eerder Tims functie vervuld hebben, maar na korte tijd alweer weggingen. Het betekent een extra last voor Piet, die het werk in de overbruggingsperioden steeds alleen moet dragen. Ze denkt dat Piet er nog niet op vertrouwt dat Tim een blijvertje is en daarom nog geen goede relatie met hem wil opbouwen. Adrie vraagt Tim om Piet nog even de kans te geven.

Kristien valt het projectplan aan

Kristien weet dat het project niet zo vlot verloopt en dat de deadlines niet gehaald worden. Ze besluit tot een teamvergadering, omdat ze aanneemt dat niet iedereen even goed doordrongen is van de ernst van de situatie. Ze heeft het juist gezien, want de teamleden zijn hoogst verbaasd als ze de situatie uitlegt, maar als ze een voor een door Kristien benaderd worden, hebben ze ieder voor zich goede excuses voor hun achterstand. Op een gegeven moment verwijt Angela aan Arend dat hij er 's middags nooit is, omdat hij dan in het café zit. Arend hapt in het aas en Mick bemoeit zich er ook mee. Kristien constateert verbouwereerd dat haar eerste vergadering op een ordinaire ruzie uitloopt. Wat heeft ze verkeerd gedaan en hoe kan ze iets van teamgeest kweken?

Jeanette kiest voor assertiviteit

Jeanette begrijpt haar manager helemaal niet, want die had toch beloofd dat ze met het computersysteem mocht oefenen - dat had ze zelfs met enig enthousiasme duidelijk gemaakt. Jeanette besluit om niet tot de volgende vergadering te wachten, maar meteen te proberen of ze Marie er op een of ander manier opnieuw aan kan herinneren. Enkele minuten later komt Marie onverwachts haar kantoor binnen. Jeanette had nog geen plannetje, maar ze begroet Marie opgewekt en zegt: 'Ik heb nog geen tijd gehad om naar het nieuwe systeem te kijken, maar het staat wel op mijn lijstje.' Marie glimlacht en loopt door. De andere teamleden kijken haar verbaasd aan. Jeanette kan wel door de grond zakken. Waarom heb ik niet op het juiste moment gewacht, denkt ze beschaamd.

ACTIEPUNTEN

1. Denk na over de laatste moeilijke situatie waarin u op uw werk verzeild raakte. Door welke factoren was het zo moeilijk?

2. Hebt u ooit iemand gezien of bent u ooit zelf het slachtoffer geweest van een tirannieke beul? Wat had u kunnen doen om te helpen? Wat had u kunnen veranderen?

3. Denk vijf minuten na over de vraag op welke wijzen u een collega of medewerker zou kunnen steunen die een moeilijke periode doormaakt. Welk advies kunt u geven? Weet u welke mogelijkheden voor steun er allemaal zijn?

5

OMGAAN MET MOEILIJKE KLANTEN

Veel mensen krijgen tijdens hun werk regelmatig met klanten te maken, iets wat zowel bevredigend als frustrerend kan zijn. Hoe tactvol u met die klanten omgaat, bepaalt mee het succes van uw carrière.

RESPECTEER HET GEZICHTSPUNT VAN DE KLANT

We zijn allemaal wel ergens klant en daarom kennen we de rol van een klant die een dienst of product nodig heeft. Iedereen heeft zich wel eens een product aangeschaft dat niet aan de maatstaven voldeed. Ook heeft iedereen ervaring met goederen of diensten die alle verwachtingen overtroffen. Het is vervelend, maar ontevreden klanten trekken al snel bij bedrijven aan de bel, terwijl er zelden iemand opbelt met de mededeling 'geweldig gedaan' of 'wat een geweldig ding'.
Klanten zijn essentieel voor het bedrijfsleven. Zonder klanten kunnen bedrijven gewoonweg niet overleven en tegenwoordig zijn bedrijven sterker gericht op de klant dan ooit. Bedrijven stellen de klant centraal bij wat ze maken en wat ze doen. Klanten zien zelf ook dat bedrijven hoe langer hoe meer in hun richting opschuiven. Ze krijgen daardoor een idee van 'klantenmacht'. Er is voor de klant zoveel keuze uit concurrerende bedrijven, dat bedrijven het wel moeten hebben van hun goede relaties met de klant en ervoor dienen te zorgen dat de klant loyaal blijft aan hun product.

Als werknemer in een bedrijf is het mee aan u om een rol te spelen in de keten van activiteiten die de trouw van de klant moet verzekeren en daarom dient u bij al het werk dat u doet de klant voor ogen te blijven houden.

Klachtenbeleid

Veel bedrijven hebben een klachtenbeleid. Maak u vertrouwd met het beleid van uw bedrijf, als dat er is. Gewoonlijk gaat het om richtlijnen die aangeven hoe u volgens een standaardprocedure op al dan niet ingewikkelde klachten kunt reageren. Heeft uw bedrijf nog geen klachtenbeleid, dan wordt het er misschien tijd voor, om alle klanten op dezelfde manier te kunnen behandelen.

WAT IS UW KLANTENBASIS?

Wie zijn uw klanten? Er zijn twee grote categorieën klanten: interne en externe.

Wie zijn uw interne klanten?

Een interne klant is iedereen binnen het bedrijf aan wie u een dienst verleent of een product levert, inclusief informatie. Uw manager bijvoorbeeld is dus een interne klant, evenals andere collega's, evenals uw contactpersoon op de boekhouding en bij Personeelszaken en op de andere afdelingen. Vindt u dat ze niet echt op klanten lijken? Dat zou toch wel moeten - u zou hen met dezelfde service en hoffelijkheid moeten tegemoettreden als een externe klant.

WIE ZIJN UW EXTERNE KLANTEN?

Externe klanten zijn mensen en bedrijven die niet bij uw bedrijf horen en aan wie u diensten of producten levert. Het zijn dus niet alleen de mensen die uw eindproduct kopen. Zou u nieuwe huizen bouwen, dan doet u wellicht niet alles zelf, maar besteedt bijvoorbeeld het pleisterwerk aan een ander bedrijf uit. De externe klant van de stukadoor is niet alleen de toekomstige bewoner van het pand, maar ook degene die het werk aan hem heeft uitbesteed.
Als u goed beseft wie uw klanten zijn, kunt u uw hulpmiddelen zo aanwenden dat ze het beste tot hun recht komen. De aard van de dienstverlening die u van hen kunt verwachten, wordt mee bepaald door de kwaliteit van uw werkrelatie - uiteindelijk kan het uw werk lichter maken.

ZORG VOOR DE KLANT

Goed voor een klant zorgen, zou makkelijk moeten zijn. We zijn immers allemaal klanten en dus weten we allemaal hoe we behandeld willen worden. Waarom zijn er dan zoveel cursussen op dit gebied? Waarschijnlijk omdat we het zo snel vergeten. Hoe vaak hebt u niet contact gehad met een bedrijf dat expliciet beweert dat het de klant hoog heeft zitten, terwijl het de personeelsleden die het contact met de klant moeten onderhouden, niet goed opleidt? Het resultaat is in het beste geval een cynische of verwarde klant en in het slechtste geval een klant die denkt dat het bedrijf met twee maten meet of de waarheid verzwijgt.
Goed voor een klant zorgen is in de praktijk dus niet zo makkelijk. Het vereist planning en denkwerk, zodat in elk hoekje en

gaatje van het bedrijf dezelfde instelling bestaat. Het betekent dat u moet vragen wat de klant wil en niet alleen moet luisteren, maar ook om opmerkingen dient te vragen. Het personeel moet in klantvriendelijkheid getraind worden en klantvriendelijkheid zou ook het toverwoord van elk marketinginitiatief, elke verkoopcampagne en elke klachtenprocedure moeten zijn. In het geval van een klacht dient u meer dan ooit uw klantencode in acht te nemen, zodat er geen smetje op uw blazoen komt en u de klagende klant niet 'per ongeluk' vergeet in de hoop dat hij dan wel weggaat.

Onthoud dat het **zesmaal zo moeilijk** is om een klant terug te winnen dan een nieuwe te maken.

MOEILIJKE KLANTEN AAN DE TELEFOON

Moeilijke klanten die opbellen, zijn op twee manieren in het voordeel: het verrassingselement is aan de kant van de beller en u kunt de klager niet zien.

Het feit dat u niet gewaarschuwd bent voor het telefoontje, is altijd gunstig voor de klant. Als het niet uw dagelijkse werk is om telefonisch klachten af te handelen, dan zal opeens de telefoon gaan en de hel in uw telefoon losbarsten. U krijgt een dreun op het moment dat u er absoluut niet op rekent en u moet razendsnel kunnen bedenken hoe u weer greep kunt krijgen op de situatie. Zoals zo vaak in een gevecht kan het verrassingselement erg effectief zijn.

Het feit dat u alleen met een stem door een telefoon te maken hebt, kan ook problematisch zijn. U kunt daardoor namelijk de intensiteit van de woede van de klant niet inschatten en u evenmin een idee vormen over zijn gemoedstoestand, aangezien u

zijn lichaamstaal, houding en gelaatsuitdrukkingen niet kunt zien. Bovendien kan het zijn dat u het voorwerp niet ziet waarover geklaagd wordt. Als u het artikel wel zou kunnen zien, kan uw visie op het 'verschrikkelijke staaltje werk' sterk verschillen van die van de klant.
U kunt deze twee factoren echter naar uw hand zetten en in uw voordeel doen uitdraaien. Het verrassingselement kunt u pareren door een verzameling frasen bij de hand te houden. Dan hebt u niet alleen iets te zeggen, u verwerft er ook extra denktijd mee. Zeg de volgende keer bij een onverwachte klacht bijvoorbeeld zoiets als:
'Hebt u een ogenblikje, dan zoek ik even pen en papier, zodat ik wat aantekeningen kan maken.'
Of: 'Ik wil hierover even een collega raadplegen; een ogenblikje geduld graag.'
Dit soort frasen zorgt ervoor dat u wat tijd wint, zodat u kunt bedenken wat u verder gaat zeggen.

Andere zintuigen gebruiken

Dat u de telefoon gebruikt, betekent dat u vooral met spraak werkt en dus kunt u het beste uw vaardigheden in het luisteren naar toon, stembuiging, accenten en zelfs pauzes zo veel mogelijk verbeteren. Tijdens een normaal gesprek onder vier ogen let u daar ook op, maar zonder visuele aanwijzingen (non-verbale communicatie) bent u des te sterker op uw luistervaardigheden aangewezen.
Daar men u niet ziet, moet u de bewoordingen zo kiezen dat uw gevoelens in uw stem tot uiting komen. Om deze reden wordt in cursussen gericht op het verbeteren van de telefoontechniek de cursisten geleerd om tijdens de begroeting tegen de telefoon te

glimlachen. En dat komt aan de andere kant over. Als u assertiever wilt zijn of onder vuur ligt, kan het helpen als u gaat staan. Daardoor wordt uw stem krachtiger en draagt ze verder. Bovendien krijgt u dan het gevoel dat u opgewassen bent (staat) tegen de beller. Handgebaren, die de beller niet kan zien, helpen evengoed, vooral wanneer u een complex onderwerp probeert te verklaren.

EFFECTIEF GEBRUIK VAN DE STEM

Praat met gelijkmatige stem in een rustig tempo. Klagers spreken vaak snel. U moet ze afremmen en dat kan door zelf rustig te praten. Het tempo vertragen kan helpen voorkomen dat het volkomen uit de hand loopt.
Andere regeltjes zijn:

- Geen jargon gebruiken.
- Helder praten (maar niet neerbuigend).
- Laat uw sympathie blijken, maar neem nooit de verantwoordelijkheid voordat de klacht helemaal is uitgezocht en afgehandeld.
- Verstrek geen persoonlijke details of telefoonnummers van andere personeelsleden (zoals: 'Mijnheer Janssen? O, die werkt vandaag thuis. Zijn nummer thuis is...').
- Probeer een totaalbeeld te krijgen, maar noteer de feitelijke klacht zo duidelijk mogelijk.
- Vraag de klager wat hij wil dat u doet.
- Maak aantekeningen en laat moeilijke namen spellen.
- Zeg de telefonische klager wat u doet en wat u van plan bent te doen.
- Blijf duidelijk en blijf aan de klant denken.

MOEILIJKE KLANTEN PER BRIEF

Vaak zal men schriftelijk over uw diensten of producten klagen. Dit is een heel andere vorm van onpersoonlijke, eenzijdige communicatie. Geschreven communicatie vereist veel meer denkwerk, want het is daarbij essentieel dat de woorden duidelijk en niet voor tweeërlei uitleg vatbaar zijn (behalve indien opzettelijk zo gewild). Geschreven stukken hebben bovendien een wettige status en kunnen een belangrijke rol spelen als de zaak later voorkomt.
Niet in alle brieven zullen de klacht en de gevraagde oplossing even duidelijk geformuleerd zijn. Het komt vaak voor dat de details in een woordenbrij van aantijgingen en zelfs bedreigingen verloren gaan. Soms zijn er te veel details, andere keren is de klachtbrief te vaag en hebt u meer informatie nodig om een goed beeld te krijgen. Is dat het geval, stuur dan een brief zoals het voorbeeld in figuur 5 op de volgende bladzijde.

EEN GOEDE BRIEF SCHRIJVEN

Het schrijven van een brief is een persoonlijke zaak en geen twee mensen schrijven precies dezelfde brief over hetzelfde onderwerp. Zorg ervoor dat uw brief de juiste toon heeft en uw klant weet te behouden voor uw bedrijf:

- Blijf altijd beleefd en keurig.
- Noem de klant, indien mogelijk, bij zijn naam.
- Blijf formeel (Geachte mijnheer Pietersen), dus geen familiaire woorden zoals 'Beste Karel'.
- Houd de brief altijd kort en zakelijk, maar schrijf ook niet te scherp.

Hendrix & Rademakers
Dorpsstraat 1500
Ons Dorp
Tel. 0123456789

Mevrouw E. Broekman
Laan van Meerdervoort 1
Den Haag

(datum)

Geachte mevrouw Broekman,

Hartelijk dank voor uw brief van ... (datum). Wij bij Hendrix & Rademakers moedigen al onze klanten aan om hun reacties te geven en we streven ernaar om onze producten en diensten te verbeteren.

Om des te sneller uw klacht te kunnen afhandelen, zou het gemakkelijk zijn als u de volgende vragen voor ons zou willen beantwoorden:

1. Wat is de exacte aard van uw klacht?
2. Met welk product of welke dienst heeft uw klacht te maken?
3. Zijn er specifieke details en/of datums te noemen?
4. Hebt u hierover telefonisch contact met ons opgenomen? Zo ja, met wie hebt u gesproken?

Zou u ons kunnen laten weten hoe wij u telefonisch kunnen bereiken, aangezien wij u telefonisch de feiten willen bevestigen en op de hoogte van de ontwikkelingen willen houden.

U kunt erop vertrouwen dat uw opmerkingen serieus genomen worden als we de gevraagde details ontvangen hebben.

Hoogachtend,

Fred Floryn,
Hoofd klantenservice

Figuur 5. Voorbeeldbrief

- Geef er een ordelijke structuur aan: in de eerste alinea bedankt u voor de ontvangen brief, in de tweede paragraaf geeft u de details van het probleem weer zoals u die ziet, in de derde alinea geeft u aan wat u eraan wilt doen of aanbiedt en in de slotalinea vraagt u de klager of hij terug wil schrijven of bellen.
- Controleer of uw naam, adres en telefoonnummer goed te zien zijn.
- Sluit uw brief op de correcte manier af.
- Teken de brief zelf - laat hem niet door iemand anders namens u tekenen.
- Vraag bij twijfel een collega om de brief door te lezen.

MOEILIJKE KLANTEN LIJFELIJK TE WOORD STAAN

Vaak vindt men dit het moeilijkste, maar in feite heeft een gesprek onder vier ogen enkele voordelen:

- U kunt barrières doorbreken door vriendelijk lichamelijk contact (een hand geven).
- U kunt oogcontact houden (telefonisch niet).
- Anders dan bij brieven is er geen sprake van uitstel.
- U kunt de situatie in hoge mate controleren (de kamerinrichting bepalen, voor privacy kiezen, de dossiers bij de hand houden, koffie aanbieden).

Het belangrijkste is dat, ook al vindt u dat de klant wel of niet een terechte klacht heeft, de klant zelf van mening is dat hij een klacht heeft. En omdat u de klant wilt behouden, zult u deze relatie moeten respecteren door eerst de aard van het probleem van de klant te bepalen en het daarna goed uit te praten.

Omgang met moeilijke klanten

Als u te maken krijgt met een moeilijke klager, kunt u baat hebben bij de volgende simpele techniekjes:

- Probeer in het begin van het gesprek onmiddellijk de naam van de klager te weten te komen en gebruik hem regelmatig tijdens het gesprek.
- Laat ook weten hoe u heet en wat uw functie binnen het bedrijf is.
- Houd altijd oogcontact en gebruik luisterende, positieve lichaamstaal (voorover zitten, geïnteresseerde gelaatsuitdrukking).
- Ga indien mogelijk naar een privé-ruimte (in verband met gênante situaties).
- Laat ze het probleem in hun eigen woorden vertellen en maak intussen aantekeningen.
- Vloek nooit en gebruik zeker geen obscene taal - dat is onnodig.
- Zorg dat er een collega in de buurt is voor het geval zich gewelddadigheden voordoen.
- Aarzel niet uw collega binnen te roepen als u het gevoel hebt dat de zaak uit de hand begint te lopen of u het idee krijgt dat het probleem niet tot uw terrein behoort.
- Als u onzeker bent, laat u dan niet opjutten om het probleem meteen op te lossen; beloof een spoedig antwoord en spreek een datum af.
- Reageer niet op bedreigingen - als het uit de hand loopt en een regeling onmogelijk is, dan kan het uiteindelijk nodig zijn het door een hogergeplaatst iemand te laten oplossen of zelfs door de rechter.

EENVOUDIGE TECHNIEKJES IN EEN NOTENDOP

Uitgangspunt is dat klanten mensen zijn zoals u en ik. Ze willen rechtvaardig en met respect behandeld worden. Het voorgaande ging over techniekjes om met moeilijke klanten om te gaan:

- telefonisch
- per brief
- onder vier ogen

Welk communicatiekanaal het ook mag zijn, er zijn enkele algemene regeltjes die voor alle moeilijke klanten gelden:

- In het geval van moeilijke mensen moet u altijd meteen ingrijpen. De klant kan weggaan (naar een ander bedrijf), maar het probleem blijft.
- Stel u voor met naam en functietitel (andere aanwezigen eveneens voorstellen).
- Stel de datum vast waarop de beslissing valt of iets anders zal gebeuren - en houd u aan deze agenda.
- Het continueren van de communicatie is essentieel. Houd contact, ook om te vertellen dat er nog geen vooruitgang geboekt is.
- Respecteer iemands persoonlijke ruimte. Kom niet te dichtbij en wees niet al te joviaal met aanrakingen.
- Spreek mensen met hun naam aan - dat schept een band.
- Wees, waar het kan, eerlijk en openhartig.

Onthoud dat u probeert de klant zover te krijgen dat hij wil meewerken aan het **oplossen van het probleem** en hoe meer de klant daarmee bezig is, des te betrokkener hij zich bij het resultaat voelt.

DE KLANT IS KONING

Niet iedereen ziet direct in hoe belangrijk de klant is voor de gezondheid van het bedrijf. Vooral de medewerkers die niet met klanten te maken krijgen, hebben er moeite mee. Denk aan een secretaresse of iemand die de hele dag rapporten zit te typen. In die situatie is het makkelijk om ook de interne klanten te vergeten, de mensen in het bedrijf voor wie het werk wordt verzet.
Het kan voor uw bedrijf van belang zijn om alle medewerkers door middel van een training duidelijk te maken wie de klanten zijn. Dat is ook iets wat u als manager zelf kunt doen, bijvoorbeeld tijdens teamvergaderingen en individuele gesprekken.
Er bestaat tegenwoordig een zware concurrentie en de klanten hebben vele keuzemogelijkheden. Gewoonlijk krijgt u maar één kans om het goed te doen - zo niet, dan is de klant weg. Het is in feite vrij simpel: klanten die tevreden zijn met de service, komen hoogstwaarschijnlijk weer terug en zullen hun tevredenheid aan anderen laten weten, terwijl dat voor ontevreden klanten niet geldt. Wat is er nu makkelijker dan ervoor zorgen dat u geen klanten kwijtraakt door wanbegrip van de kant van de werknemers? Laat iedereen weten hoe belangrijk een correcte behandeling van de klant is, zodat er geen klanten zijn die andere potentiële klanten een negatief idee van uw bedrijf kunnen geven.

PRAKTIJKGEVALLEN

TIM LIJKT AAN DE VERLIEZENDE HAND

Piet blijft Tim negeren en Tim weet niet zo goed wat hij moet doen. Uit de manier waarop Piet telefoontjes afhandelt, blijkt zonneklaar hoe efficiënt en effectief hij is - hij ziet Tim niet als een lid van het team. Tim observeert Piets contacten met Adrie en ziet dat hij tegen haar opmerkelijk vriendelijker is. Adrie weet wat er speelt en let nauwgezetter op hun reacties op elkaar. Ze weet dat Tim ongelukkig is en zou het niet leuk vinden als ook hij opstapt. Adrie beseft dat Tims probleem ook haar probleem is.

Kristien stelt zich resoluut op

Kristien weet dat ze beoordeeld zal worden op de vraag of haar team het gestelde doel bereikt heeft en ze besluit daarom een resoluut standpunt in te nemen. Ze stuurt een memootje naar ieder teamlid waarin ze hen op de hoogste stelt van de huidige situatie van elk product, de doelen en mijlpalen die in de toekomst gehaald moeten worden en de financiële situatie. Voorts maakt ze bekend dat er elke maandagochtend een teambijeenkomst zal zijn om de vorderingen en problemen te bespreken en ze maakt ieder teamlid duidelijk dat zij altijd bereid is tot een persoonlijk gesprek wanneer men iets niet in de teamvergadering kwijt wil. Haar nieuwe aanpak is eerlijk, maar harder dan voorheen. Kristien wacht gespannen af of het effect zal sorteren.

Jeanette bereidt zich voor

Jeanette komt tot de conclusie dat het niet zo slim was om haar manager in te schakelen. Ze had beter meer tijd aan een goede voorbereiding kunnen besteden. Ze besluit de zaken gedegen te overdenken en niet meer zo snel conclusies te trekken ten aanzien van de bedoelingen van haar manager. Ze somt alle redenen op die haar manager gehad zou kunnen hebben om niet in te gaan op haar wens om meer te leren over het nieuwe computersysteem. Als ze het zo bekijkt, beseft ze dat het best zo kan zijn dat haar manager het op dit moment te druk heeft. Ze wil niet nog een keer een fout maken en besluit haar volgende stap goed te overdenken. Ze probeert op de reacties van haar manager te anticiperen door na te denken over de vraag 'wat als...?'

ACTIEPUNTEN

1. Maak een lijst van alle klanten (zowel interne als externe) met wie uw bedrijf te maken heeft.

2. Denk na over de vraag met welke klanten u actief bemoeienis hebt.

3. Denk na over uw laatste contact met een moeilijke klant. Wat zou u anders gedaan kunnen hebben?

6

OMGAAN MET MOEILIJKE MEDEWERKERS

Weinig managers is de luxe gegeven om zelf hun team te mogen samenstellen. Dus al kunt u op briljante wijze karakters beoordelen en een lastpost al op kilometers afstand ruiken, u zult vrijwel zeker ook medewerkers van anderen erven. Iedere manager wil leidinggeven aan een probleemloze en opgewekte afdeling, maar dat is niet altijd mogelijk. Een gewaarschuwd mens telt echter voor twee! Door vooruit te bedenken hoe u met bepaalde situaties kunt omgaan, bent u beter klaar om op te treden als dat nodig is.

BEGRIP VOOR DE RELATIE CHEF-MEDEWERKER

Een correcte relatie met ondergeschikten is een balanceeract. De relatie mag niet te intiem zijn, maar langs de andere kant zijn empathie en warmte in een dergelijke relatie toch onontbeerlijk. Als u medewerkers geen reprimande wilt geven, omdat u bang bent dat het ten koste van de vriendschappelijke relatie zal gaan, dan is de relatie te intiem en dient u na te denken over de vraag hoe u precies met moeilijke situaties wilt omgaan en of u die relatie niet moet opofferen.

OMGAAN MET VRIENDEN

Het is niet zo ongewoon dat er in uw team of op uw afdeling een persoonlijke vriend werkt. Het maakt voor anderen - misschien niet voor u - wel uit of u door het werk vrienden bent geworden of dat eerder al was. Als de andere medewerkers weten dat deze vriendschap al bestond voordat u manager werd, dan zullen zij haar eerder accepteren dan wanneer zij op het werk is ontstaan. Nauwe vriendschappen worden vaak onterecht zeer wantrouwend opgenomen. Men denkt in dat geval vaak dat de vriend van de manager op meer gunsten kan rekenen en mogelijk vaker voordelig uit een situatie komt dan de anderen en dat de manager dat zelf niet goed ziet. Een nare situatie waar niemand wat aan heeft.

Vriendschappen ontstaan meestal daar waar mensen iets gemeenschappelijks hebben. Misschien dat u beiden werkende moeders bent of van landkaarten houdt of beiden postzegels verzamelt, enz. In dat geval kunt u het beste toevallig laten 'uitlekken' dat u graag samen over dergelijke onderwerpen praat. De volgende keer dat u samen gaat lunchen, kunt u bijvoorbeeld tegen andere medewerkers zeggen: 'Ik ga lunchen met Marie. U weet hoe leuk het is om over de kinderen te kunnen praten zonder anderen te vervelen.' Zo krijgten de andere medewerkers een beter idee van de aard van uw vriendschap.

Relaties sturen

Als u in een familiezaak werkt, zult u aan uw relaties moeten werken. Het is niet zo ongewoon dat familieleden dicht bij elkaar werken. In sommige bedrijven wordt dat echter niet toegestaan en bij het solliciteren kunt u dan ook het beste alle relevante informatie vermelden, zodat men vooraf gepaste maatregelen kan nemen.

Sommige mensen vinden het prettiger om met bekenden te werken, vooral in familiezaken. Er kleven echter verschillende voor- en nadelen aan.

Voordelen	*Nadelen*
Iedereen werkt aan hetzelfde doel (de rijkdom van de familie).	Men kan van u verwachten dat u langere uren maakt zonder beloning.
Iedereen kent u (en uw gebreken) en daarom zijn de relaties meer op u persoonlijk toegesneden.	U kunt het gevoel hebben dat u de hele tijd in de gaten gehouden wordt. U kunt zich nergens 'verbergen'.
Samenwerken met bekenden kan gezellig zijn.	Het kan verlammend zijn om voor bekende mensen te moeten werken.

Niet alle families zijn gelijk en soms functioneert een familiebedrijf goed, andere keren niet. Eén nadeel is duidelijk: als er op het werk onenigheid ontstaat, dan is de kans groot dat die onenigheid ook in het privé-leven doorwerkt.

Familierelaties op het werk vereisen in elk geval een voorzichtige aanpak. Beide partijen moeten goed beseffen dat het werk niet de plaats is voor familieruzies. Als er onenigheid bestaat, kunt u het beste met beide partijen overleggen, de feiten weergeven zoals u ze ziet en erop wijzen dat het de bedoeling is dat allen aan hetzelfde doel werken. Stimuleer beide partijen om naar oplossingen te zoeken, maar beperk het tot problemen of taken op het werk die af moeten en houd privé-onderwerpen er zo veel mogelijk buiten.

Het is belangrijk dat u niet door alle details van een conflict tussen anderen overwoekerd wordt en vooral dat u geen partij voor één van beide kiest. Als de onenigheid niet snel beslecht wordt, zult u beide partijen wellicht op een of andere manier moeten scheiden om te vermijden dat het tot een langduriger conflict uitgroeit.

Aansluiting bij het management

Soms wordt voor een managerpositie onder de medewerkers een geschikt iemand gezocht. Het kan een heerlijke stimulans betekenen, omdat het betekent dat het verrichte werk opgemerkt en geapprecieerd wordt. Mocht u de 'gelukkige' zijn, dan zult u al snel merken dat de euforie maar kort duurt en dat er bij het leiden van vergaderingen en nemen van besluiten al snel iets insluipt van 'Wie denkt hij wel dat hij is.'
Om dat tegen te gaan kunt u het beste uw team zo snel mogelijk bij elkaar roepen. Roep een 'noodvergadering' bijeen en maak duidelijk dat u dan wel uitverkoren bent, maar het team nooit kunt leiden zonder de steun van alle anderen. Vraag om die steun en laat duidelijk blijken dat het niet altijd gemakkelijk zal zijn. U zou zelfs iedere medewerker persoonlijk om steun kunnen vragen, maar laat altijd blijken dat het voor u geen gemakkelijke opgave is. Als uw medewerkers aan uw kant staan en de zaken vanuit uw visie kunnen bekijken, dan wordt het gemakkelijker om in de toekomst samen problemen te lijf te gaan. Als u binnenstapt met een air van: 'Ik ben de nieuwe manager', dan zal iedereen zijn stekeltjes opzetten.

DE BESTAANDE SYSTEMEN GEBRUIKEN

Zet om te beginnen de bestaande managementsystemen op een rijtje. Die systemen vormen een kader voor uw besluitvorming en kunnen een grote steun zijn.
Zoek uit wat er voor systemen bestaan en wacht niet tot de nood aan de man komt, want dan bent u te laat. Als u het 'disciplinaire systeem' kent, waarvan u hoopt dat u het nooit zult hoeven te

gebruiken, dan kunt u uw medewerkers met meer vertrouwen tegemoettreden. Het betekent ook dat u vanaf het begin knopen kunt doorhakken, zonder eerst te hoeven uitzoeken hoe de bestaande procedures in elkaar zitten. In het begin is het voldoende als u de essentie van het systeem kent en weet bij wie u in noodgevallen kunt aankloppen. En het is beter als u niet pas over het aannemen van medewerkers gaat nadenken op het moment dat het aan de orde komt.
Leer de bestaande procedures zo snel mogelijk kennen. Denk na over de vraag hoe zij u kunnen helpen en hinderen. Zo maakt u zich niet populair als u overhaast handelt en mensen gaat passeren die eerst niet gepasseerd werden. Dat kan voor langere tijd kwaad bloed zetten. Leer vooral eerst de basisprincipes en manoeuvreer binnen de grenzen daarvan. De bestaande systemen bieden een houvast voor het nemen van besluiten. Zo kan het zijn dat promotie pas mogelijk is na vijf jaar dienst en iemand die er steeds op aandringt, heeft dus geen kans als hij niet aan die voorwaarde voldoet.
Door uw vertrouwdheid met de systemen komt u over als een betrouwbare en doelmatige chef, omdat u sneller kunt werken, weet dat voor bepaalde besluiten geen toestemming gevraagd hoeft te worden en dat zij later niet teruggedraaid kunnen worden. Goede kennis van de bestaande procedures kan u - wat in extreme gevallen altijd mogelijk is - zelfs bij de rechter van pas komen.

PROBLEMEN DOORPRATEN

Vergeet nooit dat u en uw medewerkers bepaalde taken moeten verrichten en dat spaken in het wiel verwijderd dienen te worden.

In hoofdstuk 3 zult u gemerkt hebben dat veel adviezen met betrekking tot het omgaan met moeilijke mensen te maken hebben met handige mechanismen en het zoeken naar praktische oplossingen. Het kan dat u voor een bepaalde medewerker nooit van uw leven sympathie zult kunnen opbrengen en dat u geen van beiden op korte termijn van instelling verandert. Houd dan voor ogen dat het er enkel om gaat dat u de gestelde taken afkrijgt. Als niets meer werkt, houd dan altijd door praten de communicatiekanalen open. Het afbreken van het praatcontact doet geen van beiden goed en resulteert onveranderlijk in een zinloze patstelling.

Bij het doorpraten van problemen zou u geen persoonlijke opmerkingen mogen maken. Verhef uw stem niet en controleer uw emoties. Er is een groot verschil in het uiting geven aan uw teleurstelling in iemands prestatie door middel van gelaatsuitdrukkingen enerzijds en hard schreeuwen en op de tafel beuken anderzijds. Blijft u rustig, dan maakt u goed genoeg duidelijk wat u bedoelt, maar als u druk en heftig begint te doen, dan kan men alleen concluderen dat u uw zelfbeheersing verloren hebt.

Onthoud dat de indruk die u maakt, duurzaam is. Op een gegeven moment is de voormalige onenigheid verleden tijd en dan leeft er alleen nog de indruk die u op uw medewerkers gemaakt hebt.

DUIDELIJKE GRENZEN EN SUPERVISIEMECHANISMEN

Er zijn vele moeilijke mensen en situaties. De meeste situaties kunt u de baas door u te houden aan bestaande grenzen en mechanismen. Zoals vermeld hebben de meeste bedrijven een beleid of bepaalde systemen om bepaalde situaties, zoals ondermaats presteren en wanpraktijken, aan te pakken. Daarvan kunt u in elk geval gebruikmaken, maar u moet zich daarbij wel afvragen hoe u bepaalde handelingen zou willen bewijzen of rechtvaardigen. Hoe en wanneer is het afgekeurde gedrag precies begonnen? Als het sluipend is begonnen, op welk moment begon het u dan op te vallen? U hebt ook altijd schriftelijk bewijs nodig om te kunnen aantonen dat u zo veel mogelijk de bestaande procedures hebt gevolgd.

Gebruik van het evaluatiesysteem

Het moet u helder voor ogen staan wat een acceptabel en goed prestatieniveau is, zodat u goed en slecht tegen elkaar kunt afwegen. Veel bedrijven beschikken tegenwoordig over een beoordelingssysteem. De manager roept de medewerkers afzonderlijk bij zich, beoordeelt hun prestaties en stelt taken voor het komende jaar. Sommige beoordelingsgesprekken zijn gekoppeld aan bonussen of een salarisverhoging, andere hebben met persoonlijke ontwikkeling te maken. De beloning maakt niet zoveel uit, het gaat er vooral om dat er dossiers bestaan over de prestaties van de medewerkers, die u als maatstaf kunt gebruiken. Het is daarbij belangrijk dat een manager geen tegenstrijdige boodschappen geeft. Het komt regelmatig voor dat een medewerker weggewerkt wordt omdat hij zo storend is, terwijl uit zijn dossier blijkt dat hij op uitstekende 'rapportcijfers' kan bogen. Niemand vindt het leuk om 'negatieve' aantekeningen in een dossier te maken, maar als u ze niet noteert, dan kunt u achteraf nooit een eerlijk oordeel vellen.
Onthoud dat u **eerlijk moet zijn**, omdat uw beoordelingssysteem anders tegen u kan gaan werken.

UITERSTE CONSEQUENTIES

De situatie kan zodanig escaleren dat een medewerker ontslagen moet worden. Soms eindigt het daar echter niet. De medewerker kan juridische hulp zoeken en het bedrijf aanklagen wegens het overtreden van een of andere wet of de onrechtvaardigheid van het ontslag. Uiteindelijk kan het conflict een rechtszaak worden en zal na het vernemen van de bewijzen aangevoerd door beide partijen een bindend besluit genomen worden. Niet alleen kunnen dergelijke procedures schrikbarend duur zijn, ze kunnen ook uitputtend zijn. Het is beter om dit soort situaties te vermijden:

- Houd voortdurend de communicatielijnen open.
- Ga voorzichtig te werk zodat de procedures gehandhaafd blijven.
- Houd alles goed bij, zodat u uw handelingen kunt rechtvaardigen.

Tegenwoordig zijn er instanties die in moeilijke situaties kunnen bemiddelen. Een derde partij, een onafhankelijke deskundige, probeert de situatie te begrijpen en voor beide partijen een uitweg uit de patstelling te vinden.

MOEILIJKE GROEPEN HERKENNEN

Sommige groepen zijn moeilijker in het gareel te houden dan andere, bijvoorbeeld:

- omdat de groep na een incident een bepaald standpunt heeft ingenomen;

- er spanningen binnen de groep bestaan (raciaal, seksueel of van andere aard);
- de groep niet echt een bepaald doel voor ogen staat;
- er onvoldoende bekwame medewerkers zijn;
- er binnen de groep wrok bestaat;
- de groep om de verkeerde redenen samengesteld is.

Als u de leiding hebt over zo'n groep, dan is het beter om de problemen onder ogen te zien dan net te doen alsof er helemaal geen problemen zijn. Door ze toe te geven, zet u al een belangrijke stap op weg naar de oplossing ervan. Als u daarentegen ontkent dat er een probleem is, dan kunt u de groep nooit de weg naar de toekomst wijzen.

Als het probleem omschreven is en de oorzaak of reden zo nauwkeurig mogelijk geanalyseerd is, zult u de betrokkenen moeten adviseren. Let daarbij goed op uw formuleringen. 'Jullie hebben een probleem. Wat gaan jullie eraan doen?' is een onhandige aanpak. Beter is: 'We zitten hier denkelijk met een probleem. Ik zou er graag eens over willen praten hoe we het het beste kunnen aanpakken.' Betrek er altijd iedereen bij, al betreft het de hele afdeling.

Het openhouden van de communicatie is het moeilijkste aspect van het omgaan met moeilijke groepen. Als het onderwerp eenmaal bespreekbaar gemaakt is, dan wordt het makkelijker om ernaar te verwijzen en het op de agenda te houden. In het geval van een raciaal of seksueel probleem is soms deskundige hulp of steun nodig. De afdeling Personeelszaken weet in zo'n geval vaak wel een oplossing.

Een andere mogelijkheid is een brainstormsessie met de hele groep die van het probleem op de hoogte is, in de hoop zo oplossingen te vinden.

DE EFFECTEN OP ANDEREN INSCHATTEN

Vergeet nooit dat moeilijke mensen ook op andere medewerkers een bepaalde invloed uitoefenen. Het aanpakken van moeilijke mensen en situaties kan aanzienlijke hoeveelheden energie en tijd vreten, tijd en energie die u ondertussen niet aan de andere teamleden kunt besteden en dat is iets wat zij dan ook niet altijd even leuk zullen vinden.
Andere medewerkers hebben ook aandacht nodig en door te eenzijdig met lastposten bezig te zijn, zouden anderen wel eens minder kunnen gaan presteren. Vanuit hun gezichtspunt gezien beloont u lastposten met extra aandacht, met als gevolg dat als de moeilijke situatie is opgelost, er direct weer een andere ontstaat. Het kan een vicieuze cirkel worden: terwijl u de eerste groep terug in het gareel probeert te brengen, begint de tweede in verzet te komen en zo gaat het alsmaar door. Het is beter om uw tijd, energie en aandacht gedoseerd te besteden - iets wat moeders goed kunnen!

ACHTERGRONDSTEUN VERWERVEN

Hoe goed het u ook afgaat, soms zult u steun nodig hebben. Steun kan uit verschillende hoeken komen en sommige steun is nuttiger dan andere. Het kan ook dat u op meerdere niveaus steun nodig hebt:

- **Praktische steun** - soms hebt u informatie nodig. Zoek een manager of mentor die u kan helpen of misschien is er wel een afdeling, bijvoorbeeld Personeelszaken, die een helpende hand kan toesteken.

- **Juridische steun** - hier zijn vele boeken over verkrijgbaar en op de afdeling Personeelszaken zijn mensen die het arbeidsrecht goed kennen. Juridisch advies kan wel vrij duur zijn. Maar veel bedrijven hebben hun eigen vaste juridische adviseurs.
- **Emotionele steun** - dat is iets wat eigenlijk vooral van uw chef moet komen. Maar misschien geeft u de voorkeur aan een mentor of een collega. Degene die u steunt, hoeft niet altijd alle spelers in het spel te kennen en soms is het zelfs beter als hij niemand kent, zodat hij u volstrekt onpartijdig advies kan geven.

PRAKTIJKGEVALLEN

TIM BEREIDT ZICH VOOR OP EEN GESPREK MET ZIJN CHEF

Tim wil zijn baan niet kwijtraken. Hij mag Adrie wel en het bedrijf ook en bovendien is dit zijn eerste baantje en hij wil het voor zijn cv goed doen. Aan het eind van zijn eerste maand vraagt zijn chef Bob Groen hem om eens langs te komen om te praten over hoe het gaat. Tim heeft tijd genoeg om er goed over na te denken. Aanvankelijk is hij van plan om Bob te vertellen dat het prima gaat, maar dan vraagt hij zich af of Bob misschien al op de hoogte is van Piets houding. Als hij niets zegt, dan blijft de situatie hetzelfde of verslechtert nog verder. Tim besluit daarom de waarheid te vertellen, maar op een niet-verwijtende manier. Hij besluit eerlijk te zijn en Bob te vertellen dat hij het een leuk baantje vindt, maar dat er wel enkele problemen zijn. Tim maakt aantekeningen en oefent de volgende morgen voor de spiegel wat hij gaat zeggen.

Kristien krijgt advies

Kristien praat met Suzanne van Personeelszaken en vraagt haar mee voor de lunch. Tijdens de lunch vraagt Suzanne hoe het gaat. Ze wil dat Kristien die cursus doet, maar de komende vijf maanden zijn er geen plaatsen vrij. Kristien bekent dat het niet zo makkelijk gaat als ze gehoopt had. Ze verwijst naar de relatie tussen Mick en Angela en vertelt dat ze van Melanie weet dat Arend met een drankprobleem kampt - was het nu maar een gewoon team en niet zo'n slangenkuil vol problemen! Suzanne oppert bruikbaar advies. Ze maakt duidelijk dat er met haar team niets aan de hand is; het zijn gewoon mensen en alle mensen hebben problemen. Ze vraagt Kristien of ze zich evenveel zorgen zou maken als ze niets wist van Mick, Angela en Arend. Natuurlijk niet - te veel informatie en persoonlijke details kunnen een last worden. Suzanne adviseert haar om er niet te lang bij stil te staan en alle aandacht aan het afronden van haar taken te besteden. Op het verwezenlijken van de gestelde taken kan ze immers beslist wel invloed uitoefenen.

Jeanette werkt een strategie uit

Jeanette heeft het gevoel dat ze de situatie niet meer beheerst en besluit een paar ideetjes uit te proberen op haar zoon. Hij vindt dat ze overdreven reageert, maar Jeanette wil exact weten hoe ze haar manager moet aanpakken. Ze oefent wat ze bij de volgende ontmoeting wil zeggen. Haar plannen worden echter in de war gegooid door haar manager, Marie, die tijdens de volgende teamvergadering aankondigt dat Jeanette door Jeanine Walter in het computersysteem ingewijd dient te worden. Marie verontschuldigt zich bij Jeanette en legt uit dat iedereen druk bezig is geweest met andere dingen, zoals ontwikkelingsmogelijkheden, zodat het haar faliekant ontgaan was. Jeanette is verrast, maar trekt een brede grijns.

ACTIEPUNTEN

1. Denk na over de bestaande systemen en procedures die u kent. Waarvan kunt u als manager het meeste profijt trekken?

2. Zijn er momenteel mogelijk moeilijke groepen of mensen in uw team? Wat kunt u doen om escalatie te verhinderen?

3. Bij wie zou u steun zoeken?

7

OMGAAN MET MOEILIJKE COLLEGA'S

Moeilijke collega's veroorzaken extra spanning, omdat zij geacht worden u te steunen, zelfs als ze u niet echt mogen. Ze kunnen eigen plannetjes hebben en lang doen alsof ze op hetzelfde uit zijn als u.

WAAROM COLLEGA'S MOEILIJK KUNNEN ZIJN

Collega's kunnen om allerlei redenen moeilijk zijn. Ze kunnen jaloers zijn op uw kwaliteiten, zoals uw vaardigheden, talenten of privé-leven. Misschien begeren ze uw baan. Het kan dat ze tevergeefs naar uw baan gesolliciteerd hebben of misschien komt u in uw baan meer met de bedrijfstop in aanraking.
Het kan zijn dat uw relatie met uw chef het probleem is. Managers stellen vaak meer vertrouwen in het ene teamlid dan in het andere en dat kan tussen collega's tot wrijving leiden.
Ook karakterverschillen kunnen een rol spelen. Soms is een collega moeilijk omdat hij niet in het team past. Misschien dat alle andere teamleden rustige, stille werkers zijn en hij een meer extravert type is. Om uiting te geven aan zijn irritatie zou hij zich extra extravert kunnen gaan gedragen.

INTROSPECTIE

Als u te maken krijgt met een moeilijke collega, dan is het soms handig om uw eigen gedrag te bekijken. Kunt u op de een of

andere manier zijn gedrag veroorzaakt, uitgelokt of aangemoedigd hebben? Wees eerlijk en geef toe dat het onredelijk is om reactief gedrag als moeilijk te etiketteren.
Als het niet aan uw gedrag ligt, denk dan na over de situatie en omgeving waarin u beiden moet werken. Bent u onlangs bevorderd of openlijk geprezen? Heeft de collega zijn bureau moeten inruilen voor een ander? Is zijn werklast op de een of andere manier veranderd? Denk eraan dat u niet naar excuses voor het gedrag van uw collega op zoek bent, maar dat u wilt begrijpen waarom hij zich gedraagt zoals hij doet.
Als u weet wat zijn gedrag veroorzaakt, dan kunt u in de huidige gespannen situatie ingrijpen en gelijksoortige conflicten in de toekomst vermijden.

OMGAAN MET CONFLICT EN WOEDE

Van tijd tot tijd kunnen er conflicten en kwaadheid tussen collega's bestaan. Als het niet beperkt kan worden tot de betrokken partijen, dan zal het al snel alle medewerkers aansteken.
Conflict en kwaadheid zijn natuurlijke gevoelens, maar anders dan plezier en vrolijkheid, kunnen ze tussen collega's leiden tot een neerwaartse, destructieve spiraal die de werkprestatie ondermijnt.

HET DILEMMA BLOOTLEGGEN

In situaties die spanning of gespannenheid oproepen, reageren we volgens het psychologische mechanisme 'vechten of vluchten'. Het lichaam produceert adrenaline en noradrenaline. Noradrenaline is verantwoordelijk voor de vechtreactie en bereidt het lichaam voor op strijd. Adrenaline zorgt voor de vluchtreactie en maakt het mogelijk om weg te lopen van de situatie die als bedreigend wordt ervaren. In een werkomgeving zijn beide reacties ongepast omdat ze tot onacceptabel gedrag leiden, zoals uit het kantoor wegrennen of een collega een mep verkopen - reacties die iemand zijn baan kunnen kosten. Het lichaam probeert die reacties te onderdrukken en daardoor ontstaan er talloze andere stressproblemen. Veel mensen leven hun kwaadheid uit in sportieve activiteiten. Kwaadheid kunnen beheersen is een belangrijk aspect van emotiemanagement en mag een prijzenswaardige vaardigheid genoemd worden.

CONFLICTEN BEGRIJPEN

Conflicten zijn onvermijdbaar. Het is verstandiger om conflicten op te vatten als ideeën die uw gedachten op de proef stellen en niet zozeer als negatieve kritiek.
Conflicten kunnen helpen om:

- conventies te doorbreken;
- creatiever te worden;
- meer bevrediging uit een taak te halen;
- theorieën uit te proberen;
- het denken te bevorderen;
- ingesleten gedachten aan te passen.

Uiteraard is een conflict soms niet positief bedoeld, maar louter op destructie gericht. In dat geval moet u assertief blijven. Gelukkig zijn conflicten vrij doorzichtig voor anderen en zullen zij in het bedrijf vooral de aanvaller in verlegenheid brengen. Blijf rustig, kijk betrokken alsof u enkele minuten lang geïnteresseerd bent in de mening van de ander en geef daarna op een rustige, logische manier antwoord, indien mogelijk uw oorspronkelijke standpunt herhalend. Mensen die in het openbaar het conflict zoeken, willen opvallen. Ze vinden het leuk als u bezorgd kijkt, dus doe dat niet. Het kan ook verstandig zijn om onder vier ogen met ze te praten op een plaats waar geen anderen aanwezig zijn - in hun eentje zijn ze op de een of andere manier 'kleiner'.

HERKENNEN VAN DE RISICO'S

Samenwerken met moeilijke collega's bergt allerlei risico's in zich. Door anderen wordt u niet alleen beoordeeld op grond van uw gedrag, maar vaak ook op grond van dat van uw collega's. Vindt u dat oneerlijk? Misschien, maar zo is het nu eenmaal. Hoe vaak hebt u al niet horen zeggen dat iemand de ploeg besmeurt? En hoe vaak hebt u al niet gehoord: 'Ik mag Suzanne niet, want ze is bevriend met die en die.' Het gedrag van de een kleeft kennelijk ook aan de ander. Het kan tot een lange discussie aanleiding geven, maar onveranderlijk blijkt dat men u niet alleen op uw gedrag beoordeelt, maar tevens op grond van de mensen met wie men u associeert.
Een ander risico dat genoemd mag worden, is het feit dat u met die collega moet verderwerken of in de toekomst weer moet samenwerken. Nog erger: hij of zij kan in de toekomst uw baas worden! Elke keer dat u samen moet werken, zal dit soort gedachten onbewust door uw hoofd schieten. Hoeveel beter is dan wel niet een professionele verhouding waarin enige afstand blijft bestaan. Dat is niet zo gemakkelijk als het klinkt, maar creëert wel een doelmatiger werkrelatie, vooral in de beginperiode, wanneer men elkaars karakter nog niet zo goed kent.

OMGAAN MET KRITIEK

Zelfs als we weten dat kritiek terecht is en we openlijk om kritiek gevraagd hebben, dan nog doet kritiek pijn, vooral kritiek van een collega. We maken onszelf al snel wijs dat kritiek van een topmanager gerechtvaardigd is, omdat hij meer ervaring heeft, maar kritiek van een collega leidt tot een verstoorde reactie als 'Hij weet niet waarover hij het heeft, hij ziet het hele plaatje niet' en doet pijn. Het lijkt alsof iemand met wie u problemen en opdrachten deelt, iemand naar wie u vaak uitkijkt, zich opeens tegen u gekeerd heeft. Voor kritiek zijn twee partijen nodig: de gever en de ontvanger.

Als u gevraagd wordt kritiek te leveren op het werk van een collega, dan kunt u zich het beste aan enkele beginselen houden:

Mensen bekritiseren

- Richt uw kritiek op relevant gedrag (de bal) en niet op de persoon.
- Blijf objectief en overdrijf niet.
- Laat verwijten achterwege.
- Neutraliseer negatieve opmerkingen waar mogelijk met positieve.
- Gebruik de ik-vorm en niet de jij-vorm.
- Geef de ander de kans om op uw opmerkingen te reageren.

Kritiek incasseren

- Blijf assertief.
- Zoek geen vergelding met venijnige opmerkingen of excuses.
- Probeer te ontspannen en luister goed naar de opmerkingen.

- Probeer langzamer adem te halen zodat u meer beheersing over uw doen en laten hebt.
- Rechtvaardig zo nodig uw daden op een logische wijze.
- Als u plotseling niets meer weet, vraag dan om denktijd.
- Als het serieuze kritiek is, vraag dan of u het op schrift kunt krijgen.

Onthoud altijd dat u het recht hebt om iemand te vragen of hij zich van persoonlijke kritiek wil onthouden. Anderen mogen u bekritiseren, maar ze hebben niet het recht u te vernederen of neer te halen in aanwezigheid van anderen.

STEUN ZOEKEN BIJ HET MANAGEMENT

Kampt u met een moeilijke collega, dan kan steun van het management het verschil uitmaken tussen ten onder gaan en prettig verderwerken. Managers weten dat de productiviteit bevorderd wordt door positieve verhoudingen tussen degenen die moeten samenwerken. Om die reden staan ze achter uitstapjes en sociale activiteiten, waardoor collega's elkaar meer ongedwongen kunnen ontmoeten en elkaar beter kunnen leren kennen.
Over het algemeen zijn managers zich bewust van de tekortkomingen van hun medewerkers, dus als u denkt dat uw manager wel zal opkijken als u met uw verhaal over een moeilijke collega komt, dan kan dat wel eens andersom zijn. U zou kunnen ontdekken dat uw manager er alles al van weet.
Besef van de situatie is echter iets anders dan handelend ingrijpen en als u wilt ingrijpen, dan is het misschien noodzakelijk om dat samen met uw manager te doen en elkaar te steunen. Managers zijn geen tovenaars die alleen maar met een toverstokje hoeven te

zwaaien om de gewenste situatie in het leven te roepen. En vaak zijn er nog andere factoren die ervoor verantwoordelijk zijn dat die moeilijke collega bij uw project of team is ingedeeld. Met andere woorden, de situatie kan complexer zijn dan u dacht en uw manager kan over informatie beschikken die uw visie op het probleem verandert.

Mocht u besluiten om met uw manager over een moeilijke collega te praten:

- noteer dan de tijden, dagen en gebeurtenissen die bij het moeilijke gedrag horen;
- maak aantekening van het terugvallen in de oude gewoonten;
- leg een direct verband tussen het moeilijke gedrag en het werk dat gedaan moet worden of de gevolgen voor het project;
- overdrijf niet, maar vraag een collega om, indien mogelijk, ondersteunend bewijs;
- praat met uw manager over te nemen maatregelen.

STEUN VAN EEN PEERGROUP MOBILISEREN

Het is niet altijd mogelijk om uw manager in te schakelen, bijvoorbeeld omdat hij een betere relatie heeft met de door u als moeilijk ervaren persoon dan dat hij met u heeft. Of wellicht is de aard van uw klacht eerder wat gênant van aard of misschien wilt u alleen maar over uw opties nadenken. Wat de reden ook mag zijn, bij een peergroup steun zoeken is volstrekt normaal.

Steun van een peergroup zien we vaker bij vrouwen dan bij mannen. Wat niet wil zeggen dat mannen er geen gebruik van maken - integendeel. De structuur van de peergroup kan formeel of informeel zijn:

- **Informeel** - dit kan uiteenlopen van iemand mee uit lunchen vragen om samen het probleem te bespreken tot cafébezoek na werktijd. De sfeer is informeel en het gesprek wordt niet door een of ander kader gestuurd.
- **Formeel** - dit is vaak het geval in een leergroep en in teams die georganiseerd worden voor het oplossen van problemen - er is een gestructureerde vorm.

Beide vormen van peergroup-steun zijn populair en goed, want ze stellen u in staat hulp en steun bij anderen te zoeken om uw problemen op te lossen.

DE MACHTSSPELLETJES HERKENNEN DIE ER GESPEELD WORDEN

In een werkomgeving worden heel wat machtsspelletjes gespeeld. Er staat dan ook veel op het spel: salaris, ego's, posities, ambities, relaties en nog vele andere complexe zaken. Iedereen heeft een eigen 'kaart' van de wereld en een eigen opvatting van de visie van de wereld op zichzelf en deze twee kaarten vormen de achtergrond van eenieders keuzen. Deze kaarten kunnen iemand er bijvoorbeeld toe brengen om gewetenloos naar promotie toe te werken.

Vaak zegt men dat kennis macht is. Als iemand opzettelijk kennis achterhoudt waarvan een ander baat had kunnen hebben, dan kan hij het gevoel hebben dat hij dus macht over anderen heeft, een vorm van macht die hij derhalve kan gebruiken om zijn eigen weg te gaan. Soms is het omgekeerde waar en verstrekt men te veel informatie, die u niet allemaal kunt begrijpen - ook dan lijkt de ander machtiger dan u.

Er bestaan verschillende factoren die iemand macht kunnen geven:

- **Autoriteit** - titels van functies en posities imponeren mensen en anderen zullen zich erachter verbergen.
- **Expertise** - kennisoverwicht t.o.v. anderen toont aan dat kennis macht is.
- **Charisma** - moeilijk te beschrijven, maar iedereen kent wel iemand die het heeft en de wereld eet vaak uit de hand van charismatische figuren.
- **Beloningen** - het budget beheersen of gunsten kunnen verstrekken.
- **Dwang** - pas op voor de mensen die u de laan kunnen uitsturen!

Let op deze machtsbronnen. Sommige collega's zullen ze gebruiken om u klein te krijgen, maar als u ze tijdig herkent, kunt u er in uw eigen voordeel iets tegen doen.

PRAKTIJKGEVALLEN

Tim spreekt met zijn manager

Tim voelt zich goed voorbereid voor zijn gesprek met Bob. Hij vertelt eerst hoe leuk hij de baan vindt en merkt dat Bob daarmee in zijn nopjes is. Bob was al bang dat ook hij weer zou vertrekken. Vervolgens schetst Tim zijn relatie met Piet, maar vergeet niet te benadrukken dat Piet uitstekend met klanten kan omgaan. Hij merkt dat Bob zijn probleem begrijpt, maar Bob verrast Tim door aan hem te vragen wat hij eraan zou kunnen doen. Tim staat met zijn mond vol tanden, maar antwoordt dat hij erover wil nadenken. Bob maakt duidelijk dat het een ouder probleem is, waaraan hij nog geen aandacht geschonken heeft. Hij biedt Tim zijn steun aan, maar lijkt niet zelf in actie te willen komen. Tim is een beetje teleurgesteld.

Kristien vergadert met het team

Kristien vergadert voor de tweede keer met het team en is verrast dat allen aanwezig zijn. Iedereen blijkt haar memo gekregen te hebben en snel somt ze de taken en doelen nog eens op. Iedereen is met zijn persoonlijke projecten een stuk opgeschoten en daarmee feliciteert ze het team. Iedereen is verbaasd, want allen weten dat ze nog steeds achterlopen. Voor het eind van de vergadering zegt Kristien dat ze er eens een dag samen uit moeten om elkaar beter te leren kennen en de volgende fase te plannen. Hoewel er nauwelijks gereageerd wordt, is niemand er uitdrukkelijk tegen en daarom besluit ze er werk van te maken.

Jeanette stuit op meer problemen

Hoewel haar manager, Marie, heeft laten weten dat ze zou willen dat Jeanette met de computer leert omgaan, heeft Jeanine, die het Jeanette zou moeten leren, er niets over gezegd. Jeanette is er niet zo gelukkig mee en vraagt zich af wat ze moet doen. Ze besluit dat ze Jeanine om de eerste les zal vragen, maar Jeanine verklaart dat het niet zo dringend meer is en bovendien moest ze zelf een jaar wachten voordat ze het systeem mocht leren kennen. Jeanette begrijpt Jeanines houding niet, aangezien ze het wil leren om de teamleden te ontlasten en te helpen. Jeanine zegt dat ze er nog eens over zal nadenken.

ACTIEPUNTEN

1. Oefen zelf in het beheersen van uw woede en afreageren van uw agressie. Het is een essentiële vorm van stressverlichting.

2. Denk na over de laatste keer dat een collega kritiek op u had. Hoe zou u het aanpakken als dat morgen weer zou gebeuren? Hebt u bepaalde lessen geleerd?

3. Welke machtsspelletjes kent u uit ervaring? Zou u een probleemsituatie hebben kunnen corrigeren als u tijdig gewaarschuwd was?

8

OMGAAN MET MOEILIJKE MANAGERS

U zou kunnen denken dat managers er alleen zijn om anderen binnen het bedrijf het leven zuur te maken, maar bedenk dan dat zij meestal gebonden zijn aan strakke tijdschema's om uiteenlopende projecten of financiële doelstellingen te verwezenlijken. Dat kunnen ze zomaar niet alleen. Het lukt ze alleen met steun van hun team. Hebt u er ooit al eens aan gedacht om een totaal ander mens te maken van uw manager? Misschien is het tijd het eens te proberen.

WAT IS EEN MOEILIJKE MANAGER?

Het leiden van een groep mensen is een kunst, een kunst die een manager kan verfijnen, negeren of misbruiken. Helaas kiezen sommige managers voor negeren of misbruiken en schenken geen aandacht aan het opbouwen van productieve relaties met hun medewerkers.
Er zijn voorbeelden genoeg van 'agressieve' hogere managers, die niet alleen hun ondergeschikten, maar zelfs de hele organisatie doen sidderen. Wat dit soort managers allemaal gemeen hebben, is dat ze doen wat ze moeten doen. Maar tot welke prijs gaan ze daarbij?
Gelukkig keert het tij langzamerhand. Werkgevers beseffen steeds beter dat ze niet aan de lopende band medewerkers, met al hun vaardigheden, kunnen verliezen louter en alleen vanwege bepaalde gedragsproblemen. Er is bovendien steeds vaker sprake van medewerkers die hun manager of werkgever aanklagen

wegens intimidatie en tiranniek gedrag. Het gaat daarbij niet alleen om schadevergoedingen, want bedrijven kunnen zich dergelijke negatieve publiciteit natuurlijk niet veroorloven. Reclamecampagnes kosten voor een bedrijf een bom geld en het effect ervan kan al snel tenietgedaan worden door één negatieve rechtszaak die in de publiciteit komt.
Een moeilijke manager is een manager wiens leidinggevende stijl gekenmerkt wordt door een van de in hoofdstuk 3 behandelde vormen van slecht gedrag.

RISICO'S GOED INSCHATTEN

Het is niet altijd makkelijk om tegen een manager op te treden en het is het verstandigste dat u van tevoren de mogelijke risico's overdenkt.
Gewoonlijk is het wel duidelijk wanneer iemand positief zal reageren op opmerkingen over zijn optreden. Toch moet u altijd voorzichtig blijven, ook als men u openlijk aanmoedigt uw mening te geven. Vrij vaak wil men in zo'n geval toch alleen loftuitingen horen en accepteert men de mogelijkheid van een alternatief gewoonweg niet. Dat iemand openstaat voor reacties, garandeert nog niet dat hij de boodschap die hij zal horen ook prettig zal vinden.
Met een manager is het altijd oppassen. Het is uw manager die uw dossier bijhoudt en over uw salarisverhogingen beslist en het is uw manager die uw promotiekansen met hogere managers bespreekt. Hebt u er nog wel zin in om u tegen uw manager te verzetten? Het antwoord zou moeten luiden: 'Natuurlijk wel, maar ik moet hem de boodschap door middel van een aantal aanvaardbare "trucjes" zien over te brengen.'

DE JUISTE OMGEVING ZOEKEN

Val uw manager nooit zomaar ondoordacht aan. Denk er altijd goed over na en oefen het gesprek zo goed mogelijk in gedachten. Natuurlijk zijn er momenten waarop u hem of haar dolgraag zou willen zeggen wat u ervan denkt, maar probeer u te beheersen. Opmerkingen die u er zomaar uitflapt, zal hij niet serieus nemen. U moet het slimmer aanpakken en uw manager aanspreken als hij uit zijn normale doen is. Hij zal dan meer aandacht aan uw bezwaren besteden en daardoor maken uw opmerkingen meer indruk.

DE SITUATIE CREËREN

U kunt zelfs beter over de plaats nadenken. U moet zijn aandacht vasthouden en dat gaat meestal niet tijdens de kantooruren in zijn kantoor, omdat hij daar voortdurend gestoord wordt en er geen goed gesprek kan ontstaan. Kies een moment waarop dat niet kan gebeuren, zelfs als dat betekent dat u dan voor een moment na kantoortijd moet kiezen.

Vraag om een gesprek in een ontspannen ruimte of eetruimte, waar u zich beiden vrij voelt om te praten. Let wel, het gesprek moet er niet om gaan dat u het uw manager eens een keer betaald kunt zetten. Het uitgangspunt moet zijn en blijven: samen bedenken hoe u in de toekomst beter en doelgerichter kunt samenwerken.

Pas op! Als uw bezwaar tegen uw manager te maken heeft met afbekken of intimidatie, dan loopt u het risico dat hij u opnieuw zal neersabelen. In dat geval kunt u het beter niet alleen doen. Regel het zo dat er een collega in de buurt is, die u in geval van nood te hulp kunt roepen.

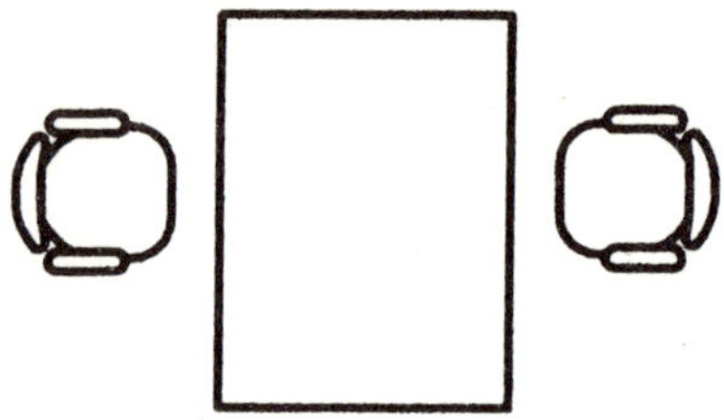

Tegenover elkaar aan het bureau

Niet goed - de tafel fungeert als een barrière.

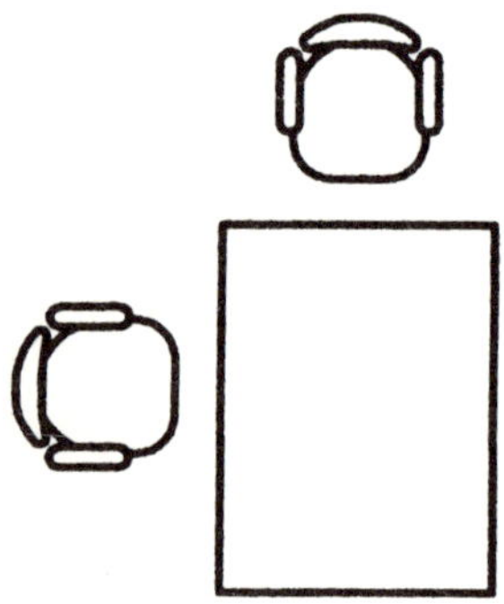

Naast elkaar, ieder aan een kant

Niet ideaal daar een deel van de barrière er nog is - wel veel beter dan hierboven.

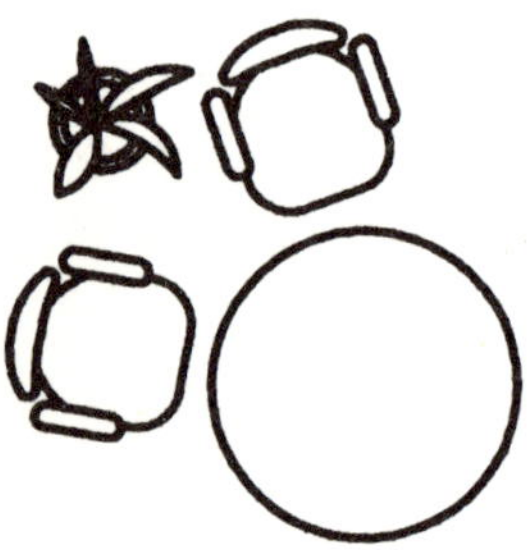

In een ontspannen ruimte

Mogelijk met een lage tafel, drankjes en een aangename omgeving. Geen barrière, goed oogcontact en een plekje om aantekeningen te maken. Zorg ervoor dat men u niet kan afluisteren.

Figuur 6. De juiste plek kiezen

PRATEN MET UW MANAGER

Een gesprek met uw manager hoeft niet zo zwaar te zijn als u misschien denkt. Een weloverwogen keuze voor een goede plek voor het gesprek (zie figuur 6) kan al veel problemen wegnemen. Het is belangrijk dat u steeds in de gaten blijft houden dat u en uw manager in de toekomst moeten samenwerken in een relatie die voor beiden prettig is. Het doel is samenwerken en niet elkaar naar het leven staan. Het is evenmin de bedoeling dat een van u voortaan zwijgt of mokkend zijn werk doet.
Hoewel het misschien moeilijk lijkt, zou u het gesprek moeten beginnen met duidelijk te zeggen wat u wenst, bijvoorbeeld: 'Ik ben erg blij dat u de tijd gevonden hebt voor dit gesprek, want ik denk dat we moeten praten over de manier waarop we samenwerken.'
Wees erop bedacht dat uw manager op verschillende manieren kan reageren, bijvoorbeeld:

1. verrast - alsof hij van mening is dat er geen probleem bestond;
2. boos - vanwege uw verzoek, angst voor een confrontatie, enz.;
3. opgelucht - vanwege de mogelijkheid om te praten.

Zodra het gesprek van start gaat, blijkt uw voorbereiding uit te betalen. U zult in de toekomst moeten samenwerken en een gesprek over de manier waarop u dat kunt doen, komt de werkverhouding zeer ten goede.

GEBRUIK VRIENDELIJKE TAAL

Let op uw taalgebruik. De juiste woordkeus kan u uit een netelige situatie redden en de boodschap verhelderen.

Een van de manieren om de boodschap beter over te brengen is het kiezen van de juiste woorden. Dat is niet altijd even makkelijk, zeker niet als u onder spanning staat. Daarom is een goede voorbereiding zo nuttig. U kunt bijvoorbeeld oefenen met een vriend of collega. Het betaalt zich tijdens het gesprek dubbel en dwars uit. Hoe rustiger en beschaafder u uw moeilijkheden verwoordt, des te minder kans op escalatie en des te makkelijker het voor uw chef is om daarna even beschaafd zijn standpunt te formuleren.

Onthoud echter wel altijd het volgende: uw taal aanpassen wil niet zeggen dat u de boodschap moet afzwakken, maar wel dat u duidelijk moet formuleren zodat de boodschap beter begrepen wordt.

WEES BEDACHT OP VOORTZETTING VAN OUDE PATRONEN

U hebt nu met uw manager gesproken en het over een nieuwe aanpak in de toekomst gehad, dus alles is in orde, of niet? Kreeg u niet een bijtende opmerking naar uw hoofd geslingerd aan het eind van de vorige vergadering? En u dacht nog wel dat alles uitgepraat was. Kortom: wees erop bedacht dat uw chef volhardt in zijn oude gedrag.

Je gedrag veranderen is niet zo makkelijk als u misschien denkt. Vraag het eens aan mensen die hebben geprobeerd om van roken of nagelbijten af te komen. Inzien dat men zich op een zekere manier gedraagt en dat dat bepaalde gevolgen kan hebben, is niet meer dan een eerste stap.

Het nieuwe gedrag moet ook praktijk worden en het blijkt erg makkelijk, zeker in tijden van stress, om op oude, slechte gewoonten terug te vallen. U zult uw manager op die momenten aan uw afspraak moeten herinneren. Als u vervelende, kleine opmerkingen laat passeren, dan doet hij het weer en voordat u het weet, bent u weer terug bij af. Het is aanzienlijk makkelijker om kleine misstapjes te corrigeren dan het probleem nogmaals te moeten aankaarten.

HOGEROP HULP ZOEKEN

Er kan een moment komen waarop u het gedrag van uw chef wel aan zijn baas of aan Personeelszaken moet melden. Ook in dit geval is de timing van doorslaggevend belang. Dient u een formele klacht in, dan is het niet genoeg om mee te delen dat u soms door een zeker iemand in de hoek gezet wordt. U moet kunnen aangeven wanneer wat gezegd werd en in welke context en op welke toon. U moet eventuele fysieke gedragingen kunnen beschrijven, zoals op tafel trommelen, handtastelijkheden, te intimiderend naar u overbuigen.
Het is bovendien duidelijk dat u alleen een einde aan dergelijk gedrag kunt maken als u naar een hoger niveau in de organisatie gaat waar men meer macht heeft. Vaak houden bedrijven dossiers bij over medewerkers met gedragsproblemen en dan is informatie zoals die van u noodzakelijk voor hen om in actie te kunnen komen.
Organisaties kunnen bij het aanstellen van mensen op alle niveaus fouten maken. Helaas is het zo dat een 'miskoop' meestal pas blijkt als de proeftijd voorbij is. Zolang de ondergeschikten het gedrag accepteren, kunnen hogere managers en Personeelszaken niets doen. Door voor uzelf op te komen, helpt u automatisch ook anderen.

STEUN VERWERVEN

Personeelszaken is er ook voor de gewone medewerkers. Zoek eerst uit waar u in uw bedrijf steun kunt krijgen. Tegenwoordig zijn privé-gesprekken met medewerkers van Personeelszaken mogelijk en zelfs vertrouwelijke counselinggesprekken kunnen tot de opties behoren.

Misschien worden er zelfs trainingen georganiseerd waarmee men u kan leren om op een bepaalde manier met moeilijke chefs om te gaan.

Steeds populairder, vooral in grote organisaties, wordt een methode die 360°-feedback genoemd wordt. Vaak krijgt deze methode de vorm van een vertrouwelijke vragenlijst die wordt uitgereikt aan:

- de team- of afdelingschef;
- hun hogere manager;
- hun collega-managers;
- alle andere betrokken medewerkers.

De resultaten geven een totaalbeeld (360°) van de betrokkene. Hij weet na een dergelijke evaluatie namelijk hoe hij door alle relevante andere posities in de organisatie gezien wordt en kan dat beeld vergelijken met de perceptie die hij van zichzelf heeft. Het kan voor de manager bijzonder verhelderend zijn, omdat hij dan beter begint te begrijpen hoe anderen hem zien en dat op zich kan al tot gedragsverandering leiden. De resultaten kunnen bovendien met eerdere opmerkingen over zijn gedrag vergeleken worden en op die manier kunnen zowel positieve als negatieve opmerkingen benadrukt worden.

Deze methode van aanpak is pas dan afgerond wanneer de

betrokken manager met een actieplan komt waaruit zijn nieuwe intenties blijken.

OPSTAPPEN

Het is de allerlaatste mogelijkheid, maar als er geen oplossing te vinden is, dan is dat eigenlijk uw laatste keuze. Waarbij aangetekend dat het niet per se hoeft te betekenen dat u uit de organisatie stapt, want in een grote organisatie kunnen er op andere afdelingen mogelijkheden zijn.
Laat u echter nooit verleiden tot de gedachte dat u zelf geen kant meer op kunt. Veel moeilijke managers vertellen hun ondergeschikten graag dat zij, met hun verleden, elders nooit een baan kunnen krijgen. Als ze dat overtuigend genoeg doen, begint iedereen het te geloven. Het wordt dan zo'n zielig probleem, dat degene die getreiterd wordt zich zorgen begint te maken. Al snel zal men dan denken 'laat maar zitten', maar dat kan natuurlijk niet. Opstappen is geen teken van zwakheid. Sterke mensen voegen de daad bij het woord en vertrekken.

PRAKTIJKGEVALLEN

TIM VINDT EEN ANTWOORD

Tim besluit om tussen de middag even naar de bibliotheek te lopen. Hij kijkt de managementplanken door en ziet een boek over omgaan met moeilijke mensen. Hij bladert het door en komt op een ideetje. Enthousiast leent hij het boek en nog een ander over teamvaardigheden.

Kristien leidt een teamdag

Kristien regelt bij een daarin gespecialiseerd bedrijf een dag met teambuilding-spelletjes. 's Middags krijgt ze het team zover om na te denken over de vraag hoe ze de tweede fase van het project beter kunnen aanpakken en hoe ze de communicatie tussen alle teamleden kunnen verbeteren. Aanvankelijk lijkt het team zenuwachtig, maar aan het eind van de dag is men meer ontspannen en lijkt men vriendelijker jegens elkaar. Op weg naar huis vertelt Arend aan Kristien dat hij niet wist dat Micks grapjes een manier waren om zijn angst te verbergen en dat Melanie op dezelfde school gezeten heeft als hij. De dag lijkt de teamleden dichter bij elkaar gebracht te hebben op menselijk vlak.

Jeanettes problemen nemen toe

Jeanette is nogal geschrokken toen ze Jeanine over haar tegen andere teamleden hoorde praten. Ze is vooral zo geschrokken, omdat uit Jeanines woorden en toon blijkt dat zij het team zou ondermijnen door voor zichzelf een goed baantje te houden. Jeanette weet niet wat te doen. Ze denkt dat het team haar achter haar rug uitlacht, hoewel ze ook hoorde hoe Suzanne voor haar opkwam. Moet ze het haar manager vertellen of niet? Het zou tot nog meer problemen kunnen leiden.

ACTIEPUNTEN

1. Eenvoudige taal gebruiken en niemand beschuldigen (het is jouw schuld) en uzelf ook niet verontschuldigen (het is mijn schuld).

2. Het doel moet zijn dat u in de toekomst samen verder kunt werken - het doel is niet een huwelijk! Een heerlijke liefdesrelatie is niet vereist; er moet voldoende wederzijds respect bestaan om het werk gedaan te krijgen.

3. Er is altijd wel ergens in de buurt hulp te vinden. U hoeft niet in stilte te lijden en uiteindelijk kunt u altijd nog besluiten op te stappen.

9

OMGAAN MET MOEILIJKE TEAMS

Over de vraag wat een team is, zijn boekenplanken vol geschreven. De meeste definities zijn gelijksoortig van aard en vullen elkaar eerder wat aan.
Voor ons doel is de volgende definitie nuttig genoeg: een team is een werkgroep of eenheid met een gemeenschappelijk doel waarvan de leden wederzijdse relaties ontwikkelen voor het vervullen van de gestelde taken. De nadruk die valt op het 'gemeenschappelijke doel' onderscheidt een team van een groep mensen die louter samenwerken.

SOORTEN VAN TEAMS

In een organisatie komen verschillende soorten teams voor. We bespreken er vier.

1. **Strategische managementteams** - deze teams werken samen om de strategie voor de organisatie of het bedrijf te bepalen. Ze zijn verantwoordelijk voor de cultuur in de organisatie en stemmen het doel van de organisatie af op externe factoren zoals de economische en politieke situatie, werken aan expansie en proberen de toekomst te voorzien. Ze moeten uit de aard der zaak regelmatig bij elkaar komen, hoewel er niet altijd sprake hoeft te zijn van vergaderingen waarin iedereen lijfelijk aanwezig is. Teleconferenties komen tegenwoordig steeds vaker voor, vooral als de teamleden in verschillende landen werkzaam zijn.

2. **Managementteams** - deze teams kunnen geleid worden door hoofden van eenheden en hun ledenbestand schommelt ietwat. Ze zijn meer op de praktische uitvoering gericht en een van hun voornaamste prioriteiten is het introduceren van systemen en acties die de strategie in praktijk vertalen. Ze stellen de organisatie in staat om door middel van een groepsbenadering problemen en kwesties aan te pakken.
3. **Projectteams** - deze lijken op 'taskforces' en komen gewoonlijk voor een beperkte duur bij elkaar om een specifiek probleem op te lossen of een concreet onderwerp aan te pakken. Projectteams zijn gewoonlijk verantwoordelijk voor het hele proces, wat wil zeggen dat ze het hele project plannen, uitvoeren en evalueren. Ook het bedenken van marketingstrategieën of financiële plannen kan tot de taken horen. Daarom moeten in een projectteam mensen zitten die van vele markten thuis zijn. De leden van projectteams werken niet altijd dicht bij elkaar, waardoor het managen van het projectteam speciale eisen kan stellen.
4. **Werkteams** - werkteams worden voor korte tijd bij elkaar geroepen om dingen te bedenken en zo een bepaalde kwestie door te denken, een probleem op te lossen of creatieve ideeën te produceren. Vaak kiest degene die het team samenstelt, de deelnemers uit. De samensteller verwacht dat dit de mensen zijn die een nuttig steentje kunnen bijdragen.

BESEF WELKE CONSEQUENTIES EEN MOEILIJK TEAMLID KAN HEBBEN

Er is de laatste jaren al veel geschreven over teambuilding. Het centrale probleem heeft in de meeste gevallen te maken met het evenwicht in de relaties tussen de teamleden. De teammanager moet de toon zetten en een evenwicht binnen het team zien te creëren. Dat betekent ook dat hij moeilijke teamleden tot de orde moet roepen als zij een bedreiging vormen voor de harmonie. Hoe goed de teamleden met elkaar kunnen samenwerken, bepaalt namelijk in hoge mate de 'productiviteit' en de algemene prestaties die het team levert.

Het staat als een paal boven water dat een lastpost in een team het prestatieniveau in de meeste gevallen nadelig beïnvloedt. Iedereen kijkt hoe de teammanager de kwelgeest aanpakt. Het gedrag van de vreemde eend in de bijt is ook belangrijk. Als het om een agressief iemand gaat, dan is er een groot verschil tussen streng optreden door de teammanager tijdens vergaderingen, wat tot felle woordenwisselingen kan leiden, en het gegeven dat de agressieveling in het normale werk de anderen hindert, wat veel ernstiger is en u er mogelijk toe zal dwingen hem uit het team te verwijderen.

De grootste fout die een teammanager kan maken, is het concentreren van al zijn aandacht op het moeilijke teamlid en verder geen aandacht te schenken aan de effecten die de lastpost op het team heeft.

Een moeilijke persoon vervangen, hoe prettig dat ook kan zijn, betekent dat het team zich moet aanpassen en nieuwe vormen moet zoeken. Als de teamleden door de betrokkene geterroriseerd werden, zullen zij in deze overgangsperiode vaak goede begeleiding nodig hebben. Rustiger, eerder meegaande teamleden kunnen bovendien het gevoel hebben dat de lastpost daardoor alle aandacht krijgt.

Het negeren van het teamlid dat problemen veroorzaakt, is echter helemaal nooit een oplossing. Het gaat hem immers niet om uw aandacht; die is alleen maar een bijproduct van het feit dat u

hem persoonlijk moet aanpakken. Vaak zal het hem erom gaan de aan het team gestelde taken te volbrengen, maar dat hoort het doel van het hele team te zijn en mag natuurlijk niet ten koste van anderen gaan.
In figuur 7 is weergegeven hoe u met verschillende typen lastposten kunt omgaan.

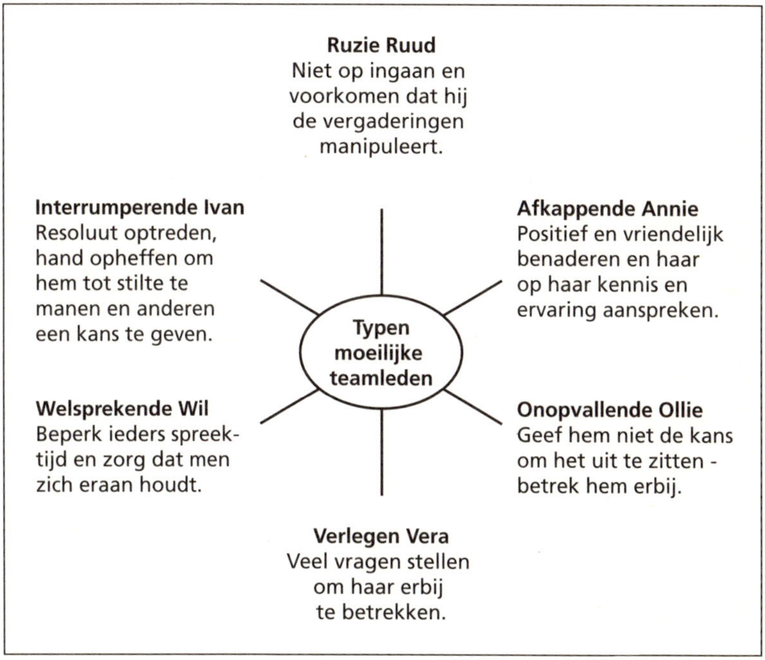

Figuur 7. Zes typen moeilijke teamleden

Teamleden die met moeilijke problemen of situaties kampen, zoals een sterfgeval, hebben natuurlijk tijd nodig om zich aan hun veranderde leven aan te passen. Vaak kan het team daarbij tot steun zijn, omdat de teamrelaties verder mogen en kunnen strekken dan het eigenlijke werk.

Denk er vooral aan **dat niet iedereen geschikt is als teamspeler**. Dat wil niet zeggen dat iemand die niet in een team past zijn werk niet goed zou doen, maar alleen dat hij zijn werk beter doet als hij het anders mag aanpakken.

WEDIJVER MET ANDEREN

Teamleden zijn niet altijd even coöperatief als u wel zou willen. Soms werken ze elkaar zelfs regelrecht tegen. Samenwerken kan dan ook tot heftige wedijver leiden, vooral als meerdere teamleden een gelijksoortige rol spelen of gelijksoortige vaardigheden bezitten.
Wedijver is tot op zekere hoogte een goede zaak, want het zet iedereen op scherp. Maar als het te scherpe vormen aanneemt, is dat in niemands belang. Wedijver is een negatieve factor geworden als de doelstellingen van het team op de tweede plaats komen, daar de teamleden voortdurend bezig zijn elkaar af te troeven. Niet alleen degenen die wedijveren lijden eronder, ook de andere teamleden raken erbij betrokken, omdat ze willen weten wie er 'wint' en omdat ze geïrriteerd raken door het feit dat men persoonlijke wedstrijdjes uitvecht en het doel van het team op het spel zet.

OPEN OOG VOOR NEGATIEVE WEDIJVER

Negatieve wedijver komt veel voor tijdens bijeenkomsten. Twee mensen proberen elkaar bijvoorbeeld te overtroeven of beginnen te ruziën over een technisch punt dat tot beider competentie behoort, waarbij ze steeds meer van hun kennis proberen te etaleren.

Ook tijdens presentaties is wedijver makkelijk te herkennen. Als het om eer en roem en macht gaat, blijven deze mensen langer aan het woord dan nodig is om een zinnige bijdrage aan het resultaat te leveren. Ze kunnen zich ook onder de toehoorders bevinden en almaar ingewikkelder en technischer vragen stellen die weinig of niets aan het doel bijdragen.
Een teammanager moet erop bedacht zijn dat gezonde wedijver kan omslaan in destructieve competitie. Als het gebeurt, is snel optreden vereist. Indien mogelijk kunt u het beste het werk in elkaar uitsluitende pakketjes verdelen, zodat er geen overlappingen zijn. Wijs de betrokkenen verschillende taken toe en regel het zo dat ze niet hoeven samen te werken. Als u het zo aanpakt, kan het zelfs gebeuren dat ze elkaars vaardigheden leren waarderen en uit zichzelf over hun werk met elkaar van gedachten gaan wisselen en dan dus wel nuttig samenwerken. Maar zorg ervoor dat hun werktaken gescheiden blijven.

OMGAAN MET MOEILIJKE DUO'S

Teams zijn gebaseerd op relaties en soms ontstaan er binnen teams partnerrelaties en vriendschappen. Meestal is dat positief. Veel mensen vormen blijvende vriendschappen tijdens hun teamwerkzaamheden. Soms gebeurt het echter dat er relaties ontstaan die minder positief zijn. Dat kan een dominant iemand betreffen met een mogelijk negatieve instelling die een zwakker iemand opzoekt, die bereid is om elke keer opnieuw zijn gedrag jegens anderen te rechtvaardigen.
De dominante partner van het duo kan dan bij de zwakkere partner zijn eigen gedrag tot op zekere hoogte goedpraten en het geeft hem tevens een gevoel van macht, niet alleen over de zwakkere

broeder, maar ook over de andere teamleden. De zwakkere broeder van het stel klampt zich vast aan de sterkere omdat dat zijn identiteit versterkt en hem het gevoel geeft dat hij, als hij sterker was, zou kunnen doen wat hij wilde zonder daarvoor aansprakelijk gesteld te worden. Hij heeft het gevoel dat hij de consequenties van zijn gedrag niet zelf hoeft te dragen.
Moeilijke mensen vinden altijd een manier om hun gedrag te rechtvaardigen en als een ander bereid is hen te steunen, dan zullen ze daar niet alleen blij mee zijn, maar ook zo veel mogelijk die ander met zich meeslepen. Als u zo'n scheve relatie onder uw teamleden opmerkt, dan doet u er het beste aan om de partners zo veel mogelijk te scheiden en hen aan te moedigen om met andere mensen samen te werken.
Onthoud dat u **het welslagen van een team nooit in gevaar mag laten brengen door het tolereren van een afhankelijkheidsrelatie**. Verdeel en heers is in een dergelijk geval de beste strategie.

EEN TEAMAGENDA OPSTELLEN

Teams kunnen niet zonder een agenda. Niet alleen de taken moeten bekend zijn, ook hoe ze gezamenlijk aangepakt zullen worden, dient vooraf bedacht te worden.

DOELEN GEBRUIKEN

Teamdoelen en -taken zijn al ter sprake gekomen. Voor het teammanagement is het voor het grote overzicht handig als de vooruitgang ergens aan afgemeten kan worden. Naast de doelen of taken van het team zijn ook de doelen/taken van de afzonderlijke teamleden van belang. Ook zij moeten hun werk kunnen afzetten tegen de vooruitgang van het team als geheel. Dat maakt het hun en de manager mogelijk om:

- ieders vooruitgang en bijdrage te bepalen;
- te bekijken welke de kritische elementen van het werk zijn en wie die voor zijn rekening zou moeten nemen;
- vast te stellen hoe ieders werk in het grotere plan past.

Rollen gebruiken

In sommige teams, vooral in projectteams, heeft ieder teamlid een speciale rol of een aantal rollen, bijvoorbeeld bijhouden van de vooruitgang, evalueren van de plannen en adviseren op marketinggebied. Die rollen kunnen sterk verschillen van iemands dagelijkse werkzaamheden. Een duidelijke omschrijving van de teamrollen zorgt niet alleen voor een evenwichtig team met gedeelde verantwoordelijkheden, maar garandeert ook dat de teamleden hun verantwoordelijkheden en taken kennen en een duidelijke identiteit hebben. U kunt taakbeschrijvingen voor deze nieuwe rollen maken en ze aan de teamleden geven. Het laat tevens zien dat u heldere ideeën hebt over de vaardigheden die nodig zijn om het project af te ronden.

HET BELANG VAN TEAMFEEDBACK

Teams moeten in hun planning ook feedbackmomenten inlassen. Feedback is essentieel voor de ontwikkeling van een hecht en doelmatig team. Vooral als een team niet goed functioneert, is feedback essentieel. De teamleden moeten leren om ongeremd en zonder anderen verwijten te maken nuttige feedback te geven, zodat het team zich kan blijven verbeteren.

Goede feedbacktechnieken

Of het negatieve of positieve boodschappen betreft, goede feedback is:

- concreet - hij moet glashelder iemands gedrag beschrijven;
- direct - feedback dient zo snel mogelijk na de gebeurtenis plaats te vinden zodat de betrokkenen hem goed oppakken en ernaar kunnen handelen;
- praktisch - de actie die uit de feedback moet volgen dient natuurlijk wel binnen de mogelijkheden van de betrokkenen te vallen.

Slechte feedbacktechnieken

Feedback mag nooit:

- uit te veel boodschappen bestaan - het verwart namelijk de betrokkenen;
- te negatief zijn - niets is helemaal slecht, er moet iets van evenwicht uit blijken;
- persoonlijke aanvallen omvatten - het gaat om gedrag en niet om de persoon.

Moeilijke feedback uiten

Moeilijke feedback geven is nooit makkelijk, maar het zal makkelijker gaan als u:

- een privé-ruimte zoekt - bekritiseer collega's nooit ten overstaan van anderen;
- voldoende tijd neemt - jut het proces nooit op;
- met een positieve noot eindigt - verlaat de vergadering nooit zonder overeenstemming over een bepaald actieplan of nieuwe doelen.

TAAKGERICHT BLIJVEN

De effectiefste teams streven altijd hoge doelen na. Het gaat daarbij zowel om teamdoelen als om persoonlijke doelen. Het juiste evenwicht tussen deze twee soorten doelen garandeert dat iedereen goed samenwerkt en voor zichzelf het uiterste er probeert uit te halen.
Toch kunnen teams soms de weg kwijtraken. Dat kan allerlei oorzaken hebben:

- de leiding van het team schiet tekort;
- er moeten te veel buiten de macht van het team gelegen taken volbracht worden;
- een moeilijk teamlid zet alle andere teamleden op een dwaalspoor.

Teammanagement en projectmanagement horen voortdurend taakgericht te blijven. Het eindresultaat is alleen realiseerbaar als onderweg bepaalde tussentaken gehaald worden. Bepaal daarom voor het team altijd een reeks beheersbare, redelijke en bereikbare tussendoelen - ook als deze niet specifiek in het projectplan voorkomen.
Door het stellen van tussendoelen:

- garandeert u dat het project voortgaat;
- kunt u vooruitgang meten;
- kunt u het bereiken van tussendoelen vieren, wat motiverend werkt.

TEAMSUCCESSEN VIEREN

Neem altijd de tijd om successen te vieren. Doordat teams met deadlines werken en het bereiken van grote doelen tot spanning leidt, kunnen kleine succesjes nogal snel over het hoofd gezien worden.

Teams die nooit 'geprezen' worden, verpieteren. Soms ligt het einddoel zo ver in de toekomst dat het team het zicht op het doel verliest en dan is het des te pijnlijker als niemand erkenning toont voor het goede werk dat in het verleden afgeleverd is. Bepaal tevens kleinere tussendoelen en mijlpalen en vier het bereiken ervan.

Betrek als manager tevens andere medewerkers van het bedrijf bij de feestjes. Zo richt u niet alleen de aandacht op uw team, het team krijgt ook een zeker profiel. Pakt u het handig aan, dan zal op de lange duur blijken dat men staat te springen om zich bij uw team aan te sluiten als er weer een langdurig project op de rol staat.

Tegenwoordig wordt teamwork gezien als een van de belangrijkste manieren om verder te komen in een organisatie en het kunnen leiden van een team is dan ook een gewaardeerde vaardigheid. Goed teammanagement heeft ook te maken met motiveren en het vieren van succesjes - niet altijd even makkelijk, maar de beloning spreekt voor zichzelf.

PRAKTIJKGEVALLEN

TIM ZET EEN VALLETJE

Tim licht Adrie in over wat hij gaat doen. De volgende dag laat hij de twee bibliotheekboeken opvallend op zijn bureau liggen, zodat Piet ze wel moet zien. Als Adrie op kantoor komt, maakt ze duidelijk hoorbaar opmerkingen over de boeken en vraagt voor wie ze zijn. Tim antwoordt assertief dat hij die boeken moet bestuderen om makkelijker met Piet te kunnen omgaan. Piet kijkt verbaasd op en vindt het vreselijk dat iemand hem 'moeilijk' noemt. Tim heeft zijn tekst goed voorbereid en rustig en zonder stemverheffing legt hij Piet zijn probleem uit. Adrie steunt hem en vraagt beide partijen of ze het niet nog eens zouden kunnen proberen. Ze wijst Piet erop dat ze een aanzienlijk sterker team zouden vormen als ze zouden samenwerken. Zowel Adrie als Tim laten Piet de ruimte voor een waardige oplossing van het probleem en leggen de schuld niet bij het verleden maar kijken vooruit naar de toekomst.

KRISTIEN KRIJGT EEN SCHOK

Kristien wordt naar het kantoor van haar manager, Theo Pastinaak, geroepen. Theo meldt dat Synergie Software zich uit het project heeft teruggetrokken, maar dat hij wil dat Speed Software ermee doorgaat en het product alleen op de markt brengt. Het is raar dat Synergie na alle moeizame arbeid er opeens uitstapt, maar wat erger is, is dat ze al het zware werk nu alleen moeten doen. Kristien besluit open kaart te spelen en wijst erop dat ze nu extra werk moeten doen en weet bij Theo een extra bonus voor het team af te dwingen als het karwei lukt.

Synergie hoeft immers niet meer betaald te worden en het geld kan dus best doorgesluisd worden naar het team van Speed Software. Kristien voelt zich nogal opgelaten omdat ze het team moet vertellen dat Synergie ermee is opgehouden en dat het team extra werk zal moeten doen, al wordt het daarvoor financieel beloond. Kristien is verrast als blijkt dat het team unaniem achter de plannen staat om het zelf af te maken. Het team stelt echter één voorwaarde: Kristien moet aanblijven als projectmanager. Kristien voelt zich vereerd en betrekt de teamleden meteen bij de volgende planningsfase.

Jeanette kiest voor een andere aanpak

Jeanette besluit tot een aanval op twee fronten. Ze kan niet verwachten dat haar manager haar zal beschermen tegen haar team en daarom besluit ze om haar manager met haar neus op haar ontwikkelingsbehoefte te duwen en de teamleden apart te benaderen. Jeanette wacht tot haar manager niet op kantoor is en vraagt dan of iedereen een paar minuutjes tijd heeft. Als ze samen zijn, vertelt Jeanette dat ze hen over haar heeft horen praten. Jeanette maakt duidelijk dat iedereen zijn mening mag uiten, maar ze wil ook de kans krijgen om haar visie te laten horen. Bijzonder serieus legt ze haar intenties uit, zonder emotioneel te worden en zonder mensen te beschuldigen. Ze zegt tegen het kleine groepje dat ze zich bij hen wil aansluiten en haar deel van het werk wil doen. Geen van de betrokkenen toont zich buitensporig in verlegenheid gebracht. Jeanette breekt de vergadering abrupt af en spoort iedereen aan zijn best te doen.

ACTIEPUNTEN

1. Maak een lijstje van alle soorten teams waarin u ooit actief bent geweest.

2. Controleer of het team (en u) de feedback krijgt die nodig is.

3. Wanneer hebt u voor het laatst een succesje gevierd? Noteer in uw agenda of dagboek dat u zelfs de miniemste succesjes wilt vieren.

10

ALLES COMBINEREN

Een boek lezen is iets anders dan in de praktijk handelen. Handelen, iets doen, wil zeggen dat men het geleerde aan de praktijk toetst en er het relatieve van leert inzien.
Combineer vanaf nu alles wat u in dit boek geleerd hebt en laat u nooit meer door moeilijke mensen ergens toe dwingen of neerhalen en laat u nooit meer door een moeilijke situatie de verkeerde kant opsturen.

MOEILIJKE MENSEN ACCEPTEREN

U kunt overal moeilijke mensen en situaties tegenkomen: op het werk, thuis, in uw sociale leven, aan de telefoon. Weglopen is in geen enkel geval een realistische optie, uitgezonderd wanneer u de rest van uw leven als een kluizenaar door het leven zou willen gaan.
Het is een verstandiger strategie om te leren omgaan met karakterverschillen en antipathieën. Dat betekent niet dat u zich altijd als een 'slappeling' moet gedragen en tegen iedereen en alles ja moet zeggen of u door iedereen moet laten uitbuiten. Het betekent wel dat uw 'gereedschapskistje' een aantal beproefde strategieën dient te bevatten die u kunt gebruiken om mensen en situaties te lijf te gaan - onder andere ook strategieën die in dit boek behandeld zijn.
Denk na over de voordelen die dit soort hulpmiddelen hebben boven nergens naar terug kunnen grijpen:

VOORDELEN	NADELEN
Met alle mensen kunnen werken.	Slechts met een beperkt aantal mensen kunnen samenwerken.
Bekendstaan als een sociaal iemand die dingen voor elkaar krijgt.	Als een slap en ondoelmatig iemand gezien worden die (vooral met betrekking tot promoties) nogal beïnvloedbaar is.
Gezien worden als een flexibel iemand die projecten en producten van de grond krijgt.	Zelf als een moeilijk iemand beschouwd worden omdat u niet effectief met anderen kunt samenwerken.

OMGAAN MET MOEILIJKE MENSEN OP HET WERK

Denk even na. Waar komt u het vaakst moeilijke mensen tegen? Waarschijnlijk denkt u nu, evenals vele anderen, 'op het werk'. In een werkomgeving spelen allerlei factoren een rol die elders afwezig zijn: machtsbegeerte, financiële beloningen, territoriumafbakening, imperiumdrang, ingewikkelde verhoudingen en wat u verder nog kunt bedenken.

Als u langere tijd met iemand moet samenwerken, dan kunt u ervoor kiezen om openlijk te praten over de moeilijkheden die kunnen ontstaan. Het is niet altijd noodzakelijk of zelfs wenselijk dat mensen hun persoonlijkheid volledig veranderen, voordat ze met u kunnen samenwerken. U kunt ook kiezen voor een verantwoordelijke en doelmatige werkrelatie, die ertoe leidt dat het werk gedaan wordt. Met andere woorden, u kunt het erover eens

worden dat u voor de korte termijn elk vervelend gedrag dat het werk vertraagt of dwarsboomt achterwege zult laten.
Natuurlijk kan zo'n relatie niet tot in de eeuwigheid blijven bestaan, maar op korte termijn of in de periode dat u bezig bent met het regelen van een andere baan, kan het een lonende optie zijn. Vergeet nooit dat u niet voor de rest van uw leven aan moeilijke mensen vastzit, maar dat u kunt weggaan om een andere baan te zoeken. Hun gedrag is uiteindelijk niet *uw* probleem. Het is *hun* probleem en dat van de organisatie, die er een oplossing voor moet zien te vinden.

LASTPOSTEN HERKENNEN BUITEN DE WERKSFEER

Niet alleen op uw werk komt u vele moeilijke mensen tegen. Ook in uw sociale en privé-leven krijgt u met ze te maken. Wat dacht u van de volgende twee scenario's:

1. Hoe vaak bent u uit een rij bij een balie of kassa gestapt omdat u de baliebediende of kassamedewerker niet mocht (ook al stond er een kortere rij dan de rij waarheen u verhuisde)?
2. Hoe vaak hebt u tante Els en oom Hans vermeden, omdat ze u afbekten en u het gevoel gaven dat u iets verkeerd had gedaan?

Een kassa of balie is snel opgelost: u kunt de betrokkene gewoon ontlopen door naar een ander loket te lopen. Wel is het wat dwaas, zeker als de nieuwe rij langer is. Toch is het ontlopen van de lastpost in deze situatie een goede strategie, want u kunt nooit lang genoeg met hem of haar omgaan om zijn of haar houding te kunnen veranderen. Zou u daaraan iets willen doen, dan moet u

de bedrijfsleider of chef aanspreken, zodat hij kan nagaan of er sprake is van geïsoleerde incidenten of een structureel gedragsprobleem.
Het relatieprobleem is ingewikkelder. Tante Els en oom Hans horen bij uw verleden en zijn in die zin dus een deel van u. Persoonlijke en familierelaties zijn ingewikkeld en gelaagder. Door afstand te nemen van één lid van uw familie, kunt u een kettingreactie veroorzaken die de hele familie in kampen verdeelt. Dat wil niet zeggen dat u moeilijk of vervelend gedrag lijdzaam moet accepteren. Het wil zeggen dat u behoedzamer moet nadenken over de vraag hoe u het kunt aanpakken en met een groot aantal factoren en reacties rekening moet houden. Familieleden uit het leven bannen is niet altijd de beste aanpak met het oog op de toekomst. Wellicht kunt u andere dingen doen, zoals het aantal contacten verminderen of liever schrijven dan bezoeken (eenrichtingsverkeer is beheersbaarder).

OEFENEN VAN DE GELEERDE TECHNIEKEN

Als u regelmatig enkele van de besproken technieken opnieuw overdenkt, dan beschikt u over een voldoende uitgebreid 'gereedschapskistje' waarmee u lastposten de baas kunt.
Veel technieken vereisen praktische oefening voordat u ze goed kunt hanteren. Aanvankelijk zouden ze u een ongemakkelijk gevoel kunnen geven. Het kan een beangstigende gedachte zijn om iemand op zijn gedrag te moeten wijzen, vooral als iemand al vele jaren op die manier handelt en u daar nooit eerder iets van gezegd hebt. Het geheim van de smid is simpel: voet bij stuk houden. Zodra u besloten hebt er iets aan te doen, moet u volhouden. Leraren kunnen u vertellen dat als zij een leerling zijn

gang laten gaan (vervelende opmerkingen, storend gedrag), de scholier zich zo zal blijven gedragen. Onacceptabel gedrag vereist een stevige aanpak op een verantwoorde manier.
Mocht u de eerste stap al te moeilijk vinden - op iemand toestappen om hem te zeggen wat u op het hart hebt - dan kunt u mogelijk profijt trekken van een boek over assertiviteitstechnieken. Assertiviteit wil zeggen dat u opkomt voor uzelf en handelt op grond van uw persoonlijke gevoelens en overwegingen. Er zijn nuttige technieken die u daarbij kunnen helpen. Ook een mentor kan handig zijn, vooral als het om een langere periode gaat. Met een mentor kunt u van gedachten wisselen en hij of zij kan u mentale steun geven als u moeilijke stappen moet zetten.

NADENKEN OVER EIGEN GEDRAG

Hoewel veel van de hier behandelde technieken bedoeld zijn als remedie voor vervelend gedrag van anderen, spreekt het bijna vanzelf dat u ook over uw eigen gedrag moet nadenken voordat u iets doet. Geef eerlijk antwoord op deze vragen:

'Roep ik die reactie zelf op of niet?' en
'Is er iets wat ik anders had kunnen doen om een ander resultaat te bewerkstelligen?'

Als het antwoord op beide vragen 'nee' luidt, dan is het duidelijk wat u moet doen. Maar als het antwoord 'ja' luidt, dan moet u zich afvragen of het eerlijk is om iemand aan te spreken op gedrag dat u zelf hebt uitgelokt. Zou u bijvoorbeeld op uw afdeling actief een sfeer van wedijver bevorderen, dan mag u niet verbaasd zijn als iemand u met alle middelen de loef probeert af te steken. Dat is misschien wel hinderlijk, maar kunt u naar eer en geweten volhouden dat u daar helemaal niets mee te maken hebt?

ANDEREN RESPECTEREN

Iedereen is anders. We hebben allemaal een andere achtergrond en een andere cultuur. Die verschillen leiden vaak tot ruzie en het opwerpen van barrières. Toch is het veel productiever om positief gebruik te maken van die verschillen.
De volgende keer dat u een collega voorstelt die er een afwijkende visie op nahoudt dan u, zou u niet moeten zeggen: 'Dit is Jeanette. We zijn het nooit ergens over eens, hè Jeanette?' Maar probeer het eens met: 'Dit is Jeanette. Zij is erg waardevol voor ons team, omdat ze de dingen op een interessante manier anders ziet en mij steeds weer aan het denken zet.' Hoe vaker u in dit soort woorden denkt, des te meer u het gaat geloven en dat heeft een tastbaar positief effect op collega's van hetzelfde type als Jeanette. Zij zullen dan inzien dat u hun aanpak niet als bedreigend ziet en er zelfs productief mee kunt omgaan. Het onderuithalen van anderen zal u nooit ofte nimmer grotere waardering opleveren.

INZICHT IN DE WAARDE VAN KWAADHEID EN CONFLICTBEHEERSING

Kwaadheid is in conflictsituaties heel natuurlijk. Het is essentieel dat u uw kwaadheid weet te beheersen. Niet in de zin dat u uw woede moet inslikken, want dat leidt tot frustratie en stress. Evenmin moet u weglopen om ergens een ruit in te slaan of

iemand een opdonder te verkopen. Emotiemanagement betekent dat u uw gevoelens kunt manipuleren, zodat u ze kunt uiten zonder uw beheersing te verliezen. Verlies van beheersing is vaak inderdaad even gênant als het lijkt. Niet alleen zoekt iedereen dekking, u zult ook opmerken dat u anderen een tijdje probeert te ontlopen totdat uw gevoel van schaamte weggesleten is.
Natuurlijk gaat het niet altijd om uw woede. Het is ook een grote vaardigheid als u de kwaadheid van een ander kunt sturen. De belangrijkste punten zijn:

- laat de kwade werknemer zitten - door lopen wordt men nog woedender;
- word niet te intiem en neem niet te veel afstand - houd een afstand van minimaal een meter aan;
- probeer oogcontact te houden en laat door middel van lichaamstaal weten dat u luistert - zit voorover en laat weten dat u weet wat hij zegt;
- empathie en geen sympathie - probeer u in de ander te verplaatsen en doe niet neerbuigend;
- praat gelijkmatig en beheerst - uit geen frustratie en vermijd stemverheffingen.

Als de woede van de ander gezakt is, probeer dan samen naar oplossingen te zoeken en maak altijd met een positieve noot een einde aan het gesprek.

VERTROUWEN WINNEN

Door met moeilijke mensen te leren omgaan, neemt uw zelfvertrouwen langzamerhand toe. Iedere keer dat u met een moeilijke situatie te maken krijgt, wordt het leven in het algemeen iets gemakkelijker omdat u dan voor minder mensen en situaties bang hoeft te zijn. U bent niet langer bevreesd voor situaties en mensen die andere mensen nog wel afschrikken en u zou zelfs het gevoel kunnen krijgen dat u met succes hard aan uw carrière kunt verderwerken.

Het kunnen omgaan met mensen is een vaardigheid die steeds meer waardering krijgt. In de toekomst hebben organisaties mensen nodig die goed kunnen communiceren en die anderen zover kunnen krijgen dat ze doen wat ze moeten doen. Als u die vaardigheden beheerst, steekt u met kop en schouders boven anderen uit en zal men u bij promoties niet onopgemerkt in een hoekje laten staan.

Kijk om u heen en u zult zien dat de mensen aan de top degenen zijn die resultaten weten te boeken. Meer en meer zijn goede resultaten vooral te danken aan het goed kunnen omgaan met anderen.

Het is nog steeds mogelijk om mensen commanderend tot werken aan te sporen, maar niemand zal vergeten wat uw werkwijze is. U zult merken dat men niet met u wil werken. Mensen zoeken bovendien geen contact met tirannen en u zult al snel ontdekken dat u op vele gelegenheden helemaal alleen komt te staan - en dat kan behoorlijk eenzaam zijn. Het is oneindig prettiger om samen met uw team, collega's en medewerkers op te trekken. Laat hen delen in uw successen en geef ze het gevoel dat ze erbij horen. Niet alleen zal men u dan helpen om te presteren, men zal u in de toekomst elke keer opnieuw constructief ter zijde staan. Sociale vaardigheden zijn onbetaalbaar en omgaan met lastposten hoort daar ook bij. Werk aan uw methoden en technieken, handel natuurlijk en zie hoe het uitbetaalt in termen van zelfvertrouwen en carrière.

PRAKTIJKGEVALLEN

TIM VERTELT WAT HIJ OP ZIJN HART HEEFT

Bob vraag Tim even langs te komen en hem te vertellen hoe het gaat. Tim zegt dat de sfeer veranderd is en dat het aantal goed afgehandelde telefoontjes met twintig procent is toegenomen. Tim legt uit dat de twee boeken de stimulans hebben gegeven om iedereen aan het praten te krijgen en Bob is onder de indruk. Hij noteert in Tims dossier dat als hij gedragsproblemen net zo kan aanpakken als in het geval van Piet, hij het nog ver kan schoppen.

KRISTIEN KRIJGT LOON NAAR WERKEN

Silvia vertelt Kristien dat er een plaatsje vrij is op de cursus 'omgaan met moeilijke mensen door managers' en vraagt of zij er zin in heeft. Het zet Kristien aan het denken. Ze ziet haar team niet langer als een verzameling moeilijke mensen, maar als gewone mensen. Kristien stelt vast dat ze ontspannen is en dat het project goed loopt (ook al liggen ze wat achter op schema). De laatste weken waren niet makkelijk, maar dankzij gezond verstand heeft ze zich er goed doorheen geslagen. Ze besluit dat ze de cursus wel wil volgen, maar dat het niet zo dringend is. Van haar mag iemand anders de opengevallen plaats invullen. Theo heeft opgemerkt dat Kristiens team aanzienlijk doelmatiger is gaan werken en biedt haar de functie van projectmanager aan.

JEANETTE KRIJGT WAT ZE WIL

Tijdens het volgende maandelijkse gesprek met haar manager vertelt Jeanette over de botsing met haar team. Ze schetst welke dingen sinds de vorige bijeenkomst nog niet afgerond zijn. Ze beschuldigt niemand en geeft ook geen verklaringen, maar somt de gevolgen op, bijvoorbeeld dat de computerinvoer nu nog verder achterloopt. Ze oppert ook een uitweg. Ze geeft aan dat Wilma weliswaar de computerdeskundige van het team is, maar dat zij het bijzonder druk heeft. Misschien zou het zinnig zijn als Suzanne haar in het computersysteem inwijdde zodat ze zelf een aantal ingewikkelde operaties met enige handigheid kan uitvoeren als Jeanine elders druk bezig is. Jeanettes manager vindt het een prima idee en roept Suzanne erbij. Eindelijk ziet het ernaar uit dat Jeanette haar training krijgt.

ACTIEPUNTEN

1. Bedenk drie dingen die u nu kunt doen en die u meer zelfvertrouwen geven in uw mogelijkheden om de volgende moeilijke persoon of situatie ongeschonden te overleven.

2. Kunt u zich herinneren dat u ooit een collega getergd hebt om vervolgens teruggebeten te worden? Hoe voelde u zich toen?

3. Maak een lijstje van alle mensen met wie u moeilijk kunt samenwerken en schrijf vervolgens naast iedere naam één eigenschap van die persoon die u wel ziet zitten. Probeer in het vervolg een complimentje te maken over die ene trek - het slaat een brug naar de toekomst.

VERKLARENDE WOORDENLIJST

360°-feedback. Een methode om ontwikkelingsbehoeften te peilen.

Actieplan. Een gestructureerde, bij elkaar horende verzameling thema's die de opties beschrijven om bepaalde doelen te bereiken.

Assertiviteit. Met zelfvertrouwen 'nu' opkomen voor jezelf met behulp van bepaalde techniekjes.

Consultant. Een deskundige die advies geeft.

Culturele barrières. De ideeën, opvattingen, waarden en kennis die een groep mensen delen en die het contact met een andere groep mensen bemoeilijken of verhinderen.

Eigenwaarde. Positief zelfgevoel.

Empathie. Het vermogen om te voelen wat een situatie of emotie voor een ander betekent; 'invoelingsvermogen'.

Evaluatie. Een inschatting van iemands arbeidsprestatie.

Externe klanten. Klanten buiten de organisatie of het bedrijf, bijvoorbeeld andere bedrijven.

Feedback. Constructieve reacties op gedrag na een gebeurtenis of handeling.

Geografische verschillen. Verschillen tussen mensen veroorzaakt door hun uiteenlopende plaatsen van herkomst.

Interne klanten. Klanten binnen de organisatie of het bedrijf, bijvoorbeeld verschillende afdelingen.

Jargon. Verkorte, 'stenografische' taal gebruikt tussen vakdeskundigen onderling.

Klantenmacht. We spreken van klantenmacht als de klant een grote invloed heeft op een bedrijf.

Klantentrouw. Van klantentrouw is sprake als klanten steeds hetzelfde product verkiezen boven een concurrerend of alternatief product.

Kleurentherapie. Het gebruik van kleuren om stemmingen en/of gedrag te beïnvloeden.

Leercurve. Een grafische voorstelling van het leerproces - een opgaande lijn.

Leergroep. Een groep mensen die bij elkaar komen om van elkaar te leren en ervaringen uit te wisselen.

Logboek. Een geschreven, dagboekachtig verslag.

Mentor. Een rijper, wijzer, meer ervaren iemand.

Non-verbaal. Zonder gesproken woord.

Parafrase. De betekenis van een gesprek of tekst in eigen, andere woorden herhalen.

Patroniseren. Iemand neerbuigend bevaderen.

Protagonist. Een hoofdrolspeler.

Supervisiemechanismen. Een manier om vooruitgang te meten.

Teambuilding. Het toepassen van methoden die ervoor zorgen dat mensen doelmatiger gaan samenwerken.

Verbale herhaling. Een techniek die vaak bij assertiviteitstrainingen gebruikt wordt.

Win-winsituatie. Een situatie waarin beide partijen erop vooruitgaan.

REGISTER

V

W

Z